교과서 실생활 문해력

2단계

초등 1·2학년

학교에서 필요한 문해력과 실생활에서 필요한 문해력을
따로 공부할 필요가 있을까요?

" **문해력이 필요한 순간은
언제나 있습니다** "

이 책은
문해력 학습의 효율을 **확** 높였습니다

두 가지를 담았어요

교과서 문해력	실생활 문해력

교실 문해력으로
4주 완성 챌린지를
함께 해요!

교실 문해력

🍃 왜 필요할까요?

문해력은 학교에서 학습할 때는 물론 일상생활 전반에서 필요한 능력입니다.
교과 관련 내용을 담은 글을 읽고 쓰는 것은 물론, 실생활에서 접하는 다양한 매체를 보고
문제를 해결하는 능력을 갖출 필요가 있습니다.

🍃 어떻게 사용할까요?

날마다 6쪽씩 재미있게 학습합니다.
어휘를 풍성하게 하는 낱말 학습, 유익한 교과 관련 내용을 담은 교과서 문해력 지문 독해,
주변에서 볼 수 있는 다양한 실생활 문해력 지문을 독해 후 확인 문제를 풀어 봅니다.

🍃 그래서 어떤 효과가 있을까요?

글을 읽고 의미를 바르게 이해함으로써 교과 과정 내용을 수월하게 따라갈 수 있습니다.
또한 말과 글에 담긴 뜻을 제대로 파악하여 사람들과 원활하게 소통할 수 있습니다.

이렇게 공부해요

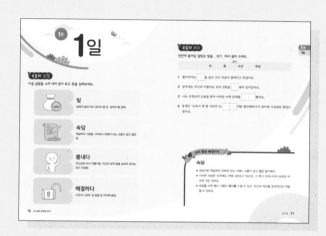

준비 학습

낱말을 그림과 함께 쉽게 익혀요. 퀴즈를 통해 학습한 낱말을 점검하고, 지문에 대한 배경지식을 쌓아요.

🎒 학습 point

국어 기초 어휘 목록을 토대로 선정한 낱말을 학습하며 나의 어휘력을 넓혀요. 어휘력은 문해력의 기본!

교과서 문해력

국어, 사회, 과학, 도덕, 음악, 체육 등 주요 교과와 관련된 지문을 읽고 교과 핵심 내용을 익혀요.

🎒 학습 point

최신 국어과 교육과정의 읽기 내용 요소를 담아, 읽기만 해도 문해력을 쑥 끌어올릴 수 있어요!

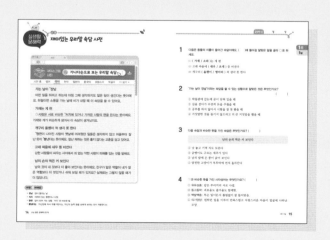

실생활 문해력

카드 뉴스, 용돈 기입장, 백과사전, SNS 등 실생활에서 접하는 친숙한 문서들을 즐겁게 읽어요.

🎒 학습 point

최근 계약서, 약관, 뉴스 등 실생활에서 접하는 매체를 올바르게 읽고 쓰는 능력이 중요해지고 있어요!

차례

4주 완성 챌린지 시작!

1주

교과서 문해력과 실생활 문해력을
한번에 키워 보세요.

일자	오늘의 낱말	오늘의 읽을거리	스스로 평가
1일	• 빚 • 속담 • 뽐내다 • 해결하다	**교과서** 속담 속에 담긴 말의 힘 **실생활** 재미있는 우리말 속담 사전	😄 🙂 🙁
2일	• 건조하다 • 구별하다 • 볼록하다 • 혹독하다	**교과서** 동물의 생김새를 보면 날씨가 보여요 **실생활** 특이한 환경에서 살아가는 동물들	😄 🙂 🙁
3일	• 소비 • 제도 • 일회용품 • 분해되다	**교과서** 지구를 지키는 환경 마크 **실생활** 우리나라의 환경 마크를 소개해요	😄 🙂 🙁
4일	• 거리 • 맞은편 • 적당하다 • 편리하다	**교과서** 우리 어디에서 만날까요? **실생활** 당신을 초대합니다	😄 🙂 🙁
5일	• 근거 • 자기주장 • 맞추다 • 설득하다	**교과서** 축구는 누가 하고, 화단 설치는 어떡할래? **실생활** 우리 가족의 당일치기 여행 계획	😄 🙂 🙁

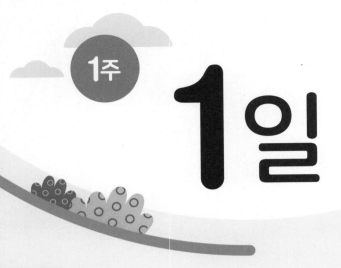

1주 **1일**

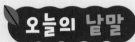 오늘의 낱말

다음 낱말을 소리 내어 읽어 보고 뜻을 살펴보세요.

빚

남에게 빌려 써서 갚아야 할 돈. 갚아야 할 은혜.

속담

옛날부터 사람들 사이에서 전해져 오는 교훈이 담긴 짧은 말.

뽐내다

자신감에 차서 우쭐거림. 자신의 능력 등을 남에게 보라는 듯이 자랑함.

해결하다

사건이나 문제, 일 등을 잘 처리해 끝냄.

오늘의 퀴즈

빈칸에 들어갈 알맞은 말을 ⟨ 보기 ⟩에서 골라 쓰세요.

⟨ 보기 ⟩

빚   뽐   속담   해결

1 할아버지는 ☐을 갚고 나니 마음이 편하다고 하셨어요.

2 공작새는 자신의 아름다운 꼬리 깃털을 ☐내며 걸어갔어요.

3 나는 선생님의 도움을 받아 어려운 수학 문제를 ☐☐했어요.

4 동생은 '도둑이 제 발 저린다'는 ☐☐처럼 불안해하다가 엄마께 사실대로 말씀드렸어요.

미리 쌓는 배경지식

속담

● 속담이란 옛날부터 전해져 오는 지혜나 교훈이 담긴 짧은 말이에요.

● 이러한 속담은 외국에도 전해 내려오고 있는데, 그 뜻이 우리나라의 속담과 비슷한 것도 있어요.

● 속담을 쓰면 듣는 사람이 흥미를 느낄 수 있고, 자신의 의견을 효과적으로 전달할 수 있어요.

속담 속에 담긴 말의 힘

1문단 우리가 하는 말에는 사람의 마음을 움직이는 힘이 있어요. 그래서인지 옛날부터 전해 내려오는 ●속담 중에는 말과 관련된 것이 많아요.

2문단 '가는 말이 고와야 오는 말이 곱다'는 내가 먼저 다른 사람에게 잘 ●대해 주어야 다른 사람도 나에게 잘 대해 준다는 뜻이에요. 친구들과 사이좋게 지내고 싶다면 친구에게 친절하게 말해야 해요. 내가 하는 ●한마디 말이 친구의 기분을 좋게 할 수도 있고, 친구의 기분을 상하게 할 수도 있기 때문이에요. 내가 친구에게 어떻게 말하는지에 따라 친구가 나를 친절하게 대할 수도 있고, ●고약하게 대할 수도 있어요.

3문단 '말 한마디에 천 냥 ●빚도 갚는다'라는 속담도 있어요. 이 속담은 무언가 어려운 일이 있을 때 말만 잘해도 그 일을 ●해결할 수 있다는 뜻이에요. '냥'이란 오늘날의 '원'처럼 옛날에 돈을 세던 단위예요. 당시 '천 냥'은 매우 큰돈이었지요. 이를 통해 그만큼 말이 가진 힘이 크다는 것을 알 수 있어요.

4문단 '낮말은 새가 듣고 밤말은 쥐가 듣는다'는 속담도 전해져 오고 있어요. 남몰래 비밀스럽게 한 말이라도 누군가는 반드시 듣고 있다는 뜻이에요. 내가 한 말은 언제든지 남의 귀에 들어갈 수 있으니 말조심을 해야 한다는 교훈을 얻을 수 있어요.

이런 뜻이에요

- **속담** 옛날부터 사람들 사이에서 전해져 오는 교훈이 담긴 짧은 말.
- **대해** 어떤 태도로 상대하여.
- **한마디** 짧은 말. 또는 간단한 말.
- **고약하게** 버릇이나 성격, 말과 행동 등을 사납고 못되게.
- **빚** 남에게 빌려 써서 갚아야 할 돈. 갚아야 할 은혜.
- **해결할** 사건이나 문제, 일 등을 잘 처리해 끝낼.

1 이 글에서 소개한 속담은 무엇에 대한 것인지 알맞은 것에 ○표 하세요.

돈	말

 2 다음 속담과 그 뜻이 올바른 짝이 되도록 선으로 이어 보세요.

가는 말이 고와야
오는 말이 곱다 ·

· 어려운 일이 있을 때 말만 잘해도 그 일을 잘 해결할 수 있다.

말 한마디에 천 냥
빚도 갚는다 ·

· 내가 먼저 다른 사람에게 잘 대해 주어야 다른 사람도 나에게 잘 대해 준다.

 3 다음 상황과 가장 잘 어울리는 속담을 이 글에서 찾아 쓰세요.

"수미야, 어제 민선이에게 내 흉을 봤다며?"
은지가 화난 표정으로 수미에게 물었어요. 수미는 당황하며 대답했어요.
"어떻게 알았어? 나는 민선이에게만 말했는데……."
은지가 퉁명스럽게 말했어요.
"세상에 비밀이 어디 있니? 너희가 이야기하는 걸 지나가던 성준이가 듣고 전해 줬어."

 4 다음 (　)에 공통으로 들어갈 말로 알맞은 것은 무엇인가요? (　　　)

· 빚을 (　　　).
· 은혜를 (　　　).

① 갚다　　　② 꾸다　　　③ 돌리다　　　④ 빌리다

사전

재미있는 우리말 속담 사전

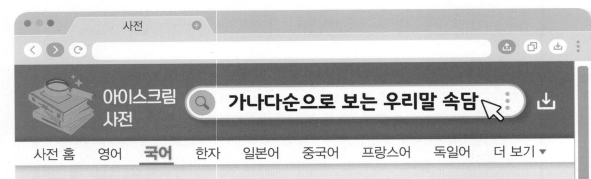

아이스크림 사전

🔍 가나다순으로 보는 우리말 속담 ⁝

사전 홈   영어   **국어**   한자   일본어   중국어   프랑스어   독일어   더 보기 ▾

가는 날이 •장날

어떤 일을 하려고 하는데 마침 그때 생각하지도 않은 일이 생긴다는 뜻이에요. 하필이면 소풍을 가는 날에 비가 내릴 때 이 속담을 쓸 수 있어요.

가재는 게 편

ㄱ 사람은 서로 비슷한 •처지에 있거나 가까운 사람의 편을 든다는 뜻이에요. 가재와 게가 비슷하게 생겨서 이 속담이 생겨났지요.

개구리 올챙이 적 생각 못 한다

•형편이 나아진 사람이 옛날에 어려웠던 일들은 생각하지 않고 처음부터 잘난 듯이 •뽐낸다는 뜻이에요. 잘난 체하는 것은 좋지 않다는 교훈을 담고 있어요.

고래 싸움에 새우 등 터진다

강한 사람들이 싸우는 사이에서 죄 없는 약한 사람이 피해를 입는 것을 말해요.

남의 손의 떡은 커 보인다

남의 것이 내 것보다 더 좋아 보인다는 뜻이에요. 친구가 맡은 역할이 내가 맡은 역할보다 더 멋있거나 쉬워 보일 때가 있지요? 실제로는 그렇지 않을 때가 더 많답니다.

이런 뜻이에요

- **장날** 장이 열리는 날.
- **처지** 처하여 있는 형편이나 사정.
- **형편** 일이 되어 가는 상황. '처지'와 비슷한 말.
- **뽐낸다는** 자신감에 차서 우쭐거린다는. 자신의 능력 등을 남에게 보라는 듯이 자랑한다는.

1 다음은 동물의 이름이 들어간 속담이에요. (   )에 들어갈 알맞은 말을 골라 ○표 하세요.

(1) (**가재** / **소라**)는 게 편

(2) 고래 싸움에 (**새우** / **조개**) 등 터진다

(3) 개구리 (**올챙이** / **병아리**) 적 생각 못 한다

2 '가는 날이 장날'이라는 속담을 쓸 수 있는 상황으로 알맞은 것은 무엇인가요?

(   )

① 박물관에 갔는데 문이 닫혀 있을 때

② 길을 걷다가 우연히 돈을 주웠을 때

③ 공부를 하지 않아서 시험을 잘 못 봤을 때

④ 거짓말한 것을 들키지 않으려고 더 큰 거짓말을 했을 때

3 다음 속담과 비슷한 뜻을 가진 속담은 무엇인가요? (   )

남의 손의 떡은 커 보인다

① 낫 놓고 기역 자도 모른다

② 굼벵이도 구르는 재주가 있다

③ 남의 밥에 든 콩이 굵어 보인다

④ 얌전한 고양이가 부뚜막에 먼저 올라간다

4 ㉠과 비슷한 뜻을 가진 사자성어는 무엇인가요? (   )

① 유유상종: 같은 무리끼리 서로 사귐.

② 동고동락: 괴로움도 즐거움도 함께함.

③ 백발백중: 무슨 일이든지 틀림없이 잘 들어맞음.

④ 의기양양: 원하던 일을 이루어 만족스럽고 자랑스러운 마음이 얼굴에 나타난 모양.

오늘의 낱말

다음 낱말을 소리 내어 읽어 보고 뜻을 살펴보세요.

건조하다

말라서 물기나 습기가 없음.

구별하다

성질이나 종류에 따라 갈라놓음.

볼록하다

물체의 겉 부분이 조금 도드라지거나 튀어나옴.

혹독하다

몹시 심함.

오늘의 퀴즈

다음 낱말과 뜻이 올바른 짝이 되도록 선으로 이어 보세요.

건조하다 •	• 성질이나 종류에 따라 갈라놓음.
구별하다 •	• 물체의 겉 부분이 조금 도드라지거나 튀어나옴.
혹독하다 •	• 말라서 물기나 습기가 없음.
볼록하다 •	• 몹시 심함.

미리 쌓는 배경지식

날씨와 기후

🍃 기후란 한 지역에서 온도나 비, 눈, 바람 같은 날씨가 오랜 기간에 걸쳐 어떻게 나타나는지를 말해 주는 것이에요.

🍃 기후는 인간과 동물이 사는 방식에 커다란 영향을 줘요.

🍃 우리나라는 더운 날씨와 추운 날씨가 모두 있는 기후예요.

과학
동물의 생김새를 보면 날씨가 보여요

1문단 남극과 북극은 지구에서 가장 추운 곳이에요. 이곳에 사는 동물들은 추운 날씨를 어떻게 이겨 낼까요? 북극에 사는 북극곰은 온몸이 두꺼운 털로 덮여 있어요. 그리고 몸속에는 *지방이 두껍게 쌓여 있어요. 그래서 북극의 *혹독한 추위를 이겨 낼 수 있지요. 바다사자도 몸속에 아주 두꺼운 지방이 쌓여 있어요. 그래서 차가운 물속에서 한 시간 이상 머무를 수 있지요.

2문단 사막은 날씨가 매우 덥고 비가 거의 오지 않아 *건조한 곳이에요. 이러한 사막에는 어떤 동물이 살까요? 사막에 사는 낙타는 한 번에 아주 많은 양의 물을 빠르게 마실 수 있어요. 그리고 물을 마신 후에는 오랫동안 물을 마시지 않아도 괜찮지요. 낙타의 긴 눈썹은 사막의 모래바람이 눈에 들어가지 않게 막아 주는 역할을 해요. 또한 낙타는 혹처럼 *볼록한 등에 지방을 쌓아 두어 *한동안 음식을 먹지 않아도 힘을 쓸 수 있어요.

3문단 같은 종류의 동물이라도 사는 곳에 따라 그 생김새가 달라져요. 북극에 사는 북극여우와 사막에 사는 사막 여우는 서로 다르게 생겼지요. 북극여우는 귀가 작아요. 그래서 몸의 열이 쉽게 밖으로 빠져 나가지 않아서 추위를 견딜 수 있어요. 반대로 사막 여우는 귀가 크답니다. 사막의 더위를 견디기 위해서는 몸의 열을 밖으로 잘 내보내야 하기 때문이에요.

이런 뜻이에요

- **지방** 에너지를 공급하고, 피부 밑이나 근육이나 간 등에 저장되며 비만의 원인이 되는 물질.
- **혹독한** 몹시 심한.
- **건조한** 말라서 물기나 습기가 없는.
- **볼록한** 물체의 겉 부분이 조금 도드라지거나 튀어나온.
- **한동안** 꽤 오랫동안.

1 이 글은 무엇에 대해 쓴 글인가요?

기후에 따라 달라지는 동물의 생김새	먹이에 따라 달라지는 동물의 생김새

2 이 글의 내용으로 알맞은 것은 무엇인가요? (　　　)

① 사막은 덥고 건조해요.

② 북극은 비가 많이 내려요.

③ 북극곰은 얇은 털을 가졌어요.

④ 낙타는 짧은 눈썹을 가졌어요.

3 낙타의 등이 볼록한 이유는 무엇인가요? (　　　)

① 물을 모아 두기 위해서

② 모래바람을 피하기 위해서

③ 지방을 쌓아 두고 힘을 쓰기 위해서

④ 새끼에게 줄 우유를 담아 두기 위해서

4 3문단 을 읽고 알 수 있는 내용을 바르게 말한 어린이는 누구인가요?

(　　　　　)

민수: 사막 여우는 북극여우보다 작은 귀를 가졌어.

영지: 어디에 사느냐에 따라 귀의 크기가 달라질 수 있구나.

카드 뉴스

특이한 환경에서 살아가는 동물들

01 박쥐

동굴에 사는 박쥐는 빛이 없어도 초음파로 대상을 *구별할 수 있어요.

02 황제펭귄

황제펭귄은 혹독한 남극의 겨울을 견디기 위해 동그랗게 모여 꼭 붙어서 *체온을 유지해요.

03 북극고래

북극고래는 지방이 매우 두꺼워서 얼음같이 차가운 물속에서도 몸을 보호하며 살 수 있어요.

04 초롱아귀

초롱아귀는 등에 달린 지느러미에 빛을 내는 물체가 있어서 아주 어둡고 깊은 바다에서도 잘 살아요.

05 피라냐

아마존에 사는 피라냐는 단단한 턱과 날카로운 이빨을 가져서 적을 쉽게 공격할 수 있어요.

06 미어캣

사막에 사는 미어캣은 구부러진 발톱으로 굴을 파고 들어가서 뜨거운 열을 피해요.

이런 뜻이에요

● **구별할** 성질이나 종류에 따라 갈라놓을.

● **체온** 몸의 온도.

1 박쥐와 초롱아귀의 공통점은 무엇인가요? (   )

① 동굴에 살아요.

② 등에 지느러미가 있어요.

③ 초음파로 대상을 구별해요.

④ 빛이 많지 않은 곳에서 살아요.

2 동물과 사는 곳이 올바른 짝이 되도록 선으로 이어 보세요.

피라냐 ·   · 사막

황제펭귄 ·   · 남극

미어캣 ·   · 아마존

3 이 카드 뉴스에 대한 내용으로 맞으면 ○표, 틀리면 ×표 하세요.

(1) 피라냐는 뭉툭한 이빨을 가졌어요.   (   )

(2) 미어캣은 뜨거운 열을 피하기 위해 굴을 파요.   (   )

(3) 황제펭귄은 체온을 유지하기 위해 서로 모여서 꼭 붙어 있어요.   (   )

4 다음에서 설명하는 동물에 ○표 하세요.

- 극지방에 살아요.
- 지방층이 매우 두꺼워요.
- 차가운 물속에 들어가기도 해요.

북극고래   초롱아귀   미어캣

3일

오늘의 낱말

다음 낱말을 소리 내어 읽어 보고 뜻을 살펴보세요.

소비
돈, 물건, 시간, 노력, 힘 등을 써서 없앰.

제도
관습, 도덕, 법률 등의 규범이나 사회 구조의 체계.

일회용품
한 번만 쓰고 버리도록 만들어진 물건.

분해되다
여러 부분으로 이루어진 것이 그 부분이나 성분으로 따로 따로 나뉨.

 **오늘의 퀴즈**

굵게 표시된 6개의 낱말 가운데 오늘 배운 4개의 낱말에 ○표 하세요.

　생활 속에서 쉽게 환경 보호를 **실천할** 수 있는 방법이 있어요. 바로 **일회용품** 사용을 줄이는 것이에요. 일회용품은 주로 플라스틱으로 만들어요. 플라스틱은 자연에서 잘 **분해되지** 않아요. 일회용품보다는 여러 번 쓸 수 있는 물건을 사는 친환경적인 **소비**를 해야 해요. 환경이 **오염**되는 것을 막기 위해 각 나라에서는 다양한 환경 관련 **제도**를 만들어 환경을 보호하고 있어요.

 미리 쌓는 배경지식

친환경

- 친환경이란 자연환경을 오염시키지 않고 자연 그대로의 상태와 잘 어울리는 것을 말해요.
- 지구 환경을 지키기 위해서는 환경을 생각하며 행동하는 친환경적 태도를 가져야 해요.

도덕

지구를 지키는 환경 마크

1문단 환경을 지키기 위해 °일회용품 사용을 줄여야 한다는 이야기를 들어 본 적이 있나요? 일회용품을 만들 때 쓰이는 플라스틱은 자연에서 잘 °분해되지 않아요. 플라스틱이 썩어서 흙으로 돌아가기까지는 아주 오랜 시간이 걸려요. 그 오랜 시간 동안 우리의 지구를 병들게 만들지요.

2문단 그래서 물건을 살 때는 환경 마크가 표시된 물건을 사는 것이 좋아요. 환경 마크는 플라스틱을 사용하지 않거나 환경을 생각하여 만든 제품에 주어지는 것이에요. 일반 제품보다 환경 마크가 표시된 제품을 사는 것이 조금 더 환경을 생각하는 °소비라고 할 수 있지요. 우리나라의 환경 마크에는 환경 성적 표지 제도, °탄소 발자국 °인증 마크 등 여러 가지 종류가 있어요. 환경 마크를 받은 기업은 나라로부터 여러 가지 °혜택을 받을 수 있어요.

3문단 환경 마크는 우리나라뿐 아니라 다른 나라에도 있어요. 독일의 '블루 엔젤'이라는 환경 마크는 세계 최초의 환경 마크라고 해요. 일본은 '에코 마크'라는 환경 마크를 사용하고 있어요. 이 마크들은 모두 사람들이 일회용품을 줄이고 친환경적인 소비를 할 수 있도록 도와줘요. 일상생활 속에서 친환경 소비를 실천할 수 있도록 해 주는 것이지요.

이런 뜻이에요

- **일회용품** 한 번만 쓰고 버리도록 만들어진 물건.
- **분해되지** 여러 부분으로 이루어진 것이 그 부분이나 성분으로 따로따로 나뉘지.
- **소비** 돈, 물건, 시간, 노력, 힘 등을 써서 없앰.
- **탄소** 숯이나 석탄의 주된 구성 원소.
- **인증** 어떠한 문서나 행위가 정당한 방법과 순서로 이루어졌다는 것을 국가나 사회 기관이 밝힘.
- **혜택** 제도나 환경, 다른 사람 등으로부터 받는 도움이나 이익.

1 이 글은 무엇에 대한 글인가요?

• ☐☐ 마크

 2 3문단 의 중심 내용으로 알맞은 것은 무엇인가요? (   )

① 우리나라의 환경 마크는 국가에서 표시하고 있어요.

② 독일은 '블루 엔젤'이라는 환경 마크를 사용하고 있어요.

③ 일본과 독일에서 쓰는 환경 마크가 세계에서 가장 유명해요.

④ 세계의 여러 환경 마크는 친환경적인 소비를 할 수 있도록 도와줘요.

3 이 글의 내용으로 맞으면 ○표, 틀리면 ×표 하세요.

(1) 우리나라의 환경 마크에는 여러 종류가 있어요.   (   )

(2) 일본은 '에코 마크'라는 환경 마크를 쓰고 있어요.   (   )

(3) 일회용품을 만들 때 쓰이는 플라스틱은 빨리 썩어요.   (   )

4 빈칸에 들어갈 낱말로 알맞은 것을 보기 에서 찾아 쓰세요.

보기		
소비	실천	인증

(1) 나라에서 그 제품을 친환경 제품으로 _____했어요.

(2) 환경을 지키기 위해 일회용품 _____을/를 줄여야 해요.

우리나라의 환경 마크를 소개해요

블로그

내 블로그 | 이웃 블로그 | 블로그 홈 ▼

지구를 지키는 한 걸음

환경과 친해지구

환경 블로그
'환경과 친해지구'
입니다.

＋ 이웃 추가

목록 ▼

- 환경 소식 알림
- 재미있는 환경 이야기
- 환경 보호 캠페인

안녕하세요? 지난 글에서는 친환경의 의미에 대해 알려 드렸는데요. 오늘은 지구를 지키는 데 도움을 주는 환경 마크 °제도의 종류를 소개해 드릴게요.

환경 성적 표지 제도

어떤 제품이 다른 제품에 비해 환경을 보다 더 생각하여 만든 제품일 경우에 그 제품에 '친환경'이라고 쓰인 환경 마크를 표시해 주는 제도예요.

탄소 발자국 인증 마크

'탄소 발자국'이란 일상생활 속에서 만들어 내는 °온실가스, 특히 이산화 탄소의 양을 말해요. 온실가스는 환경 오염을 일으키는 원인이지요. 그래서 온실가스가 적게 나오는 제품에는 탄소 발자국 인증 마크를 붙여서 이 제품이 환경을 생각한 제품이라는 것을 알려요.

이런 뜻이에요

- **제도** 관습, 도덕, 법률 등의 규범이나 사회 구조의 체계.
- **온실가스** 지구 대기를 오염시켜 온실 효과를 일으키는 가스를 모두 이르는 말. 이산화 탄소, 메탄 등의 가스.

1 환경 마크와 이름이 올바른 짝이 되도록 선으로 이어 보세요.

 ·

 ·

· 환경 성적
표지 제도

· 탄소 발자국
인증 마크

2 이 블로그 게시 글을 쓴 목적은 무엇인가요? (   )

① 친환경의 의미를 알리려고
② 환경 보호 캠페인을 알리려고
③ 환경 마크 제도의 종류를 알리려고
④ 새로운 환경 보호 제도에 대해 알리려고

3 환경 오염을 일으키는 원인으로 알맞은 것에 모두 ○표 하세요.

발자국   온실가스   이산화 탄소

4 다음은 이 블로그 게시 글에 달린 댓글이에요. (   ) 안에 들어갈 말로 알맞은 것에 ○표 하세요.

┗ 자연을 지키자: 칫솔을 사려는데 두 가지 제품 모두 탄소 발자국 인증 마크가 있었어요. 탄소 발자국이 더 (**적은** / **많은**) 것이 더 좋은 건가요?
　　┗ 환경과 친해지구: 네, 맞아요. 탄소 발자국이 (**적을수록** / **많을수록**) 온실가스가 적게 나온다는 뜻이에요.

1주 4일

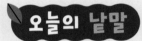 **오늘의 낱말**

다음 낱말을 소리 내어 읽어 보고 뜻을 살펴보세요.

거리

두 개의 물건이나 장소 등이 공간적으로 떨어진 길이.

맞은편

서로 마주 보이는 편.

적당하다

정도에 알맞음.

편리하다

이용하기 쉽고 편함.

오늘의 퀴즈

다음 낱말 퍼즐에서 오늘 배운 4개의 낱말에 ○표 하세요.

다	수	새	벌	새
맞	절	해	절	적
은	거	아	하	당
편	리	하	다	하
이	모	지	점	다

미리 쌓는 배경지식

대중교통

- 대중교통이란 여러 사람이 한꺼번에 이동할 수 있는 지하철, 기차, 배, 버스 등을 가리키는 말이에요.
- 도로에 승용차가 많을 때는 대중교통을 이용하면 빠르게 이동할 수 있어요.
- 여러 사람이 함께 이용하는 만큼 대중교통에서는 예의를 지키고 서로를 배려해야 해요.

사회

우리 어디에서 만날까요?

1문단 우리는 종종 친구와 밖에서 만나기 위해 약속을 정할 때가 있어요. 그럴 때 어디에서 만나는 것이 좋을지 고민해 본 적이 있을 거예요. 같은 반 친구라면 학교 정문 앞에서 만나자고 약속할 수 있어요. 같은 아파트나 빌라에 사는 친구라면 가까운 놀이터에서 만나기도 하지요. 그런데 만약 멀리 떨어져 사는 친구라면 어디에서 만나는 것이 좋을까요?

2문단 ˙적당한 약속 장소를 정하기 위해서는 친구와 내가 사는 곳 사이의 ㉠ ˙거리를 생각해 보아야 해요. 친구가 사는 곳과 내가 사는 곳의 중간 ˙지점으로 약속 장소를 정하는 것이 가장 좋아요.

3문단 무엇을 하고 놀 것인지에 따라 놀거리가 있는 곳에서 바로 만나는 것도 좋아요. 예를 들어, 놀이공원에 가기로 했다면 놀이공원 ˙매표소 앞에서 만나는 것이지요. 쇼핑몰이나 백화점 같은 곳은 놀거리뿐만 아니라, 음식점이나 이야기를 나눌 수 있는 카페를 쉽게 찾을 수 있어요. 그래서 많은 사람들이 약속 장소로 정하는 곳이에요.

4문단 마지막으로, 버스 정류장이나 지하철역에서 만날 수도 있어요. 정류장이나 역이 있는 곳은 교통이 ˙편리해서 친구와 함께 ˙목적지까지 이동하기가 쉬워요.

이런 뜻이에요

- **적당한** 정도에 알맞은.
- **거리** 두 개의 물건이나 장소 등이 공간적으로 떨어진 길이.
- **지점** 땅 위의 일정한 점.
- **매표소** 차표나 입장권 등의 표를 파는 곳.
- **편리해서** 이용하기 쉽고 편해서.
- **목적지** 가려고 하는 곳.

중심 내용

1 이 글은 무엇에 대한 글인가요?

· 약속 | | |를 정하는 방법

세부 내용

2 이 글에 대한 내용으로 알맞지 <u>않은</u> 것은 무엇인가요? (   )

① 버스 정류장이나 지하철역은 교통이 편리해요.

② 많은 사람들이 쇼핑몰이나 백화점을 약속 장소로 정해요.

③ 약속 장소를 정할 때 서로 사는 곳의 거리는 중요하지 않아요.

④ 쇼핑몰이나 백화점에서는 음식점이나 카페를 쉽게 찾을 수 있어요.

내용 추론

3 친구와 만나서 밥을 먹기로 했어요. 약속 장소로 알맞지 <u>않은</u> 곳은 어디인가요?

(   )

① 음식점   ② 지하철역   ③ 놀이공원   ④ 버스 정류장

어휘·표현

4 '거리'의 뜻이 ㉠의 뜻과 비슷하게 쓰인 문장에 ○표 하세요.

(1) 어제 마트에 다녀와서 집에 먹을<u>거리</u>가 많아요.   (   )

(2) 공항에서 집까지 <u>거리</u>가 멀어서 택시를 타기로 했어요.   (   )

초 대 장

당신을 초대합니다

★ 단빛초등학교 2학년 5반 배성은의 생일 파티에 초대합니다. 다 함께 맛있는 음식도 먹고 즐겁게 놀아요!

★ 생일 파티는 2024년 6월 15일 금요일, 오후 2시에 열립니다. 파티에 올 사람은 배성은에게 알려 주세요. 파티 전날까지는 알려 주어야 해요.

★ 장소는 '싱글벙글 피자 가게'입니다. 단빛초등학교 바로 °맞은편에 있는 곳이에요. 생일 파티에 올 사람은 만나기 쉽도록 학교가 끝난 후 1시 50분에 단빛초등학교 정문 앞에서 모여서 함께 가요.

★ 이 초대장을 가지고 있는 사람만 생일 파티에 올 수 있으니 잊지 말고 초대장을 ㉠꼭 가져오세요.

이런 뜻이에요

● **맞은편** 서로 마주 보이는 편.

1 이 글을 쓴 목적은 무엇인가요? (   )

① 운동회에 초대하기 위해

② 생일 파티에 초대하기 위해

③ 가족 모임에 초대하기 위해

④ 만들기 대회에 초대하기 위해

2 이 초대장을 받은 친구들의 반응으로 적절한 것은 무엇인가요? (   )

① 생일 파티에 갈 거니까 피자 가게 앞으로 1시까지 가야지.

② 초대장에 쓰여 있는 내용을 모두 읽었으니 이제 버려야지.

③ 3시에 태권도 학원이 끝나고 정문 앞으로 가면 딱 알맞겠어.

④ 나는 생일 파티에 갈 수 있으니 목요일까지 이야기해야겠어.

3 성은이가 약속 장소를 정할 때 생각하지 <u>않은</u> 것에 ○표 하세요.

목적지와 가까운 곳	친구들이 잘 알고 있는 곳	친구가 사는 곳과 가까운 곳

4 ㉠과 바꾸어 쓸 수 있는 말은 무엇인가요? (   )

① 혹   ② 너무   ③ 자주   ④ 반드시

오늘의 낱말

다음 낱말을 소리 내어 읽어 보고 뜻을 살펴보세요.

근거

어떤 일이나 의견 등에 그 근본이 됨. 또는 그런 까닭.

자기주장

자기의 의견이나 생각을 당당하고 자신 있게 주장하는 일.

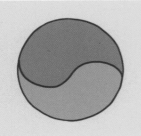

맞추다

서로 어긋남이 없이 조화를 이룸.

설득하다

상대방이 그 말을 따르거나 이해하도록 잘 설명하거나 타이름.

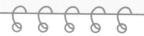

굵게 표시된 6개의 낱말 가운데 오늘 배운 4개의 낱말에 ○표 하세요.

> 토론이란 어떠한 **주제**에 대해 서로 반대되는 입장을 가진 사람들이 **자기주장**을 펼치면서 **근거**를 가지고 **설득하는** 것을 말해요. 이와 달리, 토의는 어떤 주제에 대해 저마다의 의견을 가진 사람들이 단 하나의 **결과**에 이르기 위해 의견을 **맞추는** 것이에요.

 미리 쌓는 배경지식

토론

- 토론은 어떤 문제에 대해 찬성과 반대의 입장을 가진 사람들이 서로를 설득하는 것을 말해요.
- 토론을 할 때는 주장과 그 주장을 뒷받침할 근거를 이야기해야 해요.
- 토론을 할 때는 다른 사람의 말을 귀 기울여 듣는 자세를 갖춰야 해요.

교과서 문해력

국어

축구는 누가 하고, 화단 설치는 어떡할래?

1문단 학교에서 체육 대회를 열면 축구 경기는 누가 나갈 것인지, °계주는 누가 뛸 것인지 등을 정해요. 반 대표로 나갈 사람을 정하는 것이기 때문에 반 친구들과 다 함께 토의를 하지요. 누가 축구를 더 잘하는지에 대한 생각이 학생들마다 다르기 때문에 각자의 생각을 말하고, 왜 그렇게 생각하는지도 덧붙여요. 가장 뛰어난 반 대표 축구 선수단을 만들기 위해 서로 의견을 나누고, 하나의 의견으로 °맞춰 나가는 것이지요. 이처럼 토의란 여러 의견 가운데 가장 좋은 의견을 결정하기 위해 이야기하는 것을 말해요.

2문단 학교에서는 토의 대신 토론을 해야 하는 때도 있어요. 학교 운동장에 화단을 °설치하는 것에 대해 어떤 학생은 찬성할 수도 있고, 어떤 학생은 반대할 수도 있어요. 찬성하는 입장에서는 화단을 설치하면 학교 풍경이 아름다워진다는 이유를 들 수 있어요. 반대하는 입장에서는 운동장에 화단을 설치하면 체육 수업을 할 때 방해가 될 수 있다는 이유를 들 수 있지요. 이렇게 토론은 어떤 한 가지 주제를 두고 찬성하는 사람과 반대하는 사람이 °자기주장을 이야기하고, 자기주장에 대한 °근거를 들어 서로를 °설득하는 것이에요.

이런 뜻이에요

- **계주** 일정한 거리를 나누어 몇 사람이 차례대로 이어 달리는 경기.
- **맞춰** 서로 어긋남이 없이 조화를 이루어.
- **설치하는** 어떤 목적에 맞게 쓰기 위하여 기관이나 설비 등을 만들거나 제자리에 맞게 놓는.
- **자기주장** 자기의 의견이나 생각을 당당하고 자신 있게 주장하는 일.
- **근거** 어떤 일이나 의견 등에 그 근본이 됨. 또는 그런 까닭.
- **설득하는** 상대방이 그 말을 따르거나 이해하도록 잘 설명하거나 타이르는.

중심 내용
1 이 글은 무엇에 대한 글인지 빈칸에 알맞은 단어를 〔 보기 〕에서 찾아 쓰세요.

〔 보기 〕

같은   나쁜   다른   좋은

• 토의와 토론의 [ ][ ] 점

세부 내용
2 토의와 토론에 대한 설명으로 알맞지 <u>않은</u> 것은 무엇인가요? (   )

① 토의의 목적은 상대를 설득하는 것이에요.
② 토의는 토론과 마찬가지로 자신의 생각을 말해야 해요.
③ 토론을 할 때는 자기주장에 대한 근거를 들어서 이야기해요.
④ 토론은 찬성과 반대의 입장을 가진 사람들이 의견을 나누는 것이에요.

내용 추론
3 다음 중 토론을 하기에 알맞은 주제는 무엇인가요? (   )

① 발레와 태권도 중 무엇을 배워야 할까?
② 학교 체육관에 수영장을 만들어야 할까?
③ 강원도 여행을 며칠 동안 다녀와야 할까?
④ 가족들과 저녁에 어떤 음식을 먹어야 할까?

내용 요약
4 이 글을 요약했어요. ㉠, ㉡에 들어갈 알맞은 단어를 이 글에서 찾아 쓰세요.

토의		토론
여러 의견 가운데 가장 좋은 (㉠)을/를 내리기 위해 의견을 맞춰 나가는 것	어떤 주제에 대해 서로 의견을 나누는 것	한 가지 주제에 대해 (㉡)와/과 반대의 입장을 가진 사람들이 자기주장을 펼치는 것

㉠ _____   ㉡ _____

우리 가족의 당일치기 여행 계획

성은

다음 주 정동진 °당일치기 여행에서 어디를 갈까요? 저는 시간 박물관이라는 곳에 가고 싶어요. 그리고 근처에 있는 레일 바이크도 함께 타면 좋겠어요.

아빠

둘 다 방문하기에는 시간이 부족하지 않을까? 아빠는 우리 가족이 레일 바이크를 한 번도 타 보지 않았으니, 이번 기회에 타 보면 좋을 것 같아.

엄마

엄마도 레일 바이크를 타면 좋겠어. °활동적인 것을 하면 재밌을 것 같구나. 성준이 생각은 어떠니?

성준

저도 엄마 생각과 같아요. 성은아, 레일 바이크만 타는 것은 어떨까?

성은

레일 바이크만 타도 즐거울 것 같아요. 그러면 시간 박물관에는 다음에 가요. 어서 다음 주가 되었으면 좋겠다!

이런 뜻이에요

- **당일치기** 일이 있는 바로 그날 하루에 일을 끝냄.
- **활동적** 몸을 움직여 행동하는 것.

1 성은이네 가족이 정하고 있는 것은 무엇인가요? (   )

① 정동진에서 가 볼 곳

② 정동진까지 가는 방법

③ 정동진 여행에서 식사할 곳

④ 정동진 여행 중에 지낼 숙소

2 이 대화의 내용으로 맞으면 ○표, 틀리면 ×표 하세요.

(1) 성은이네 가족은 강릉에서 하룻밤 자기로 했어요.   (   )

(2) 성은이네 가족은 레일 바이크를 타 본 적이 있어요.   (   )

(3) 시간 박물관 근처에는 레일 바이크를 탈 수 있는 곳이 있어요.   (   )

3 다음 중 성은이네 가족이 계획을 세운 방법과 관련 있는 것을 골라 기호를 쓰세요.

> ㉠ 전문가의 의견을 따라서 문제를 해결해요.
> ㉡ 예전에 경험했던 것을 떠올려 문제를 해결해요.
> ㉢ 더 많은 사람이 투표한 것에 따라서 문제를 해결해요.

(   )

4 가족들이 말하는 방식이 알맞게 짝 지어진 것은 무엇인가요? (   )

① 엄마 – 자신의 의견을 내지 않고 있어요.

② 성은 – 토의 결과에 만족하지 않고 있어요.

③ 성준 – 다른 사람의 의견에 동의하고 있어요.

④ 아빠 – 다른 사람들의 의견을 무시하고 있어요.

2주

교과서 문해력과 실생활 문해력을
한번에 키워 보세요.

일자	오늘의 낱말	오늘의 읽을거리	스스로 평가
1일	• 발견하다 • 분명하다 • 일정하다 • 전달하다	교과서 글을 쓸 때 지켜야 할 것 실생활 책에 오타가 있어요	
2일	• 위인 • 조화 • 대표하다 • 뛰어나다	교과서 우리나라 지폐에 그려져 있는 그림 실생활 십 원짜리 동전에 새겨져 있는 탑	
3일	• 신동 • 재능 • 갈고닦다 • 발휘하다	교과서 음악의 천재 실생활 음악 연주회에 초대합니다	
4일	• 방해 • 손상 • 예절 • 보관하다	교과서 미술관에 가면 예절을 지켜요 실생활 큐레이터는 어떤 일을 하나요?	
5일	• 모퉁이 • 사흘 • 팻말 • 엿보다	교과서 해바라기 씨	정지용 실생활 텃밭에 나무를 심어요	

1일

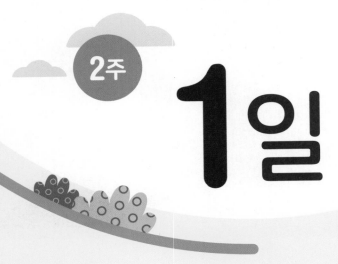

오늘의 낱말

다음 낱말을 소리 내어 읽어 보고 뜻을 살펴보세요.

발견하다

아직 찾아내지 못했거나 세상에 알려지지 않은 것을 처음으로 찾아냄.

분명하다

모습이나 소리 등이 흐릿함이 없이 똑똑하고 뚜렷함.

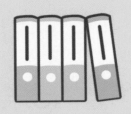

일정하다

어떤 것의 크기, 모양, 범위, 시간 등이 하나로 정하여져 있음.

전달하다

내용이나 뜻을 전하여 알게 함.

오늘의 퀴즈

다음 낱말 퍼즐에서 오늘 배운 4개의 낱말에 ○표 하세요.

발	견	하	다	홍
전	시	늘	래	분
소	라	게	끼	명
전	달	하	다	하
기	일	정	하	다

미리 쌓는 배경지식

띄어쓰기

✎ 오늘날 우리말은 띄어쓰기를 하고 있지만, 한자를 주로 쓰던 옛날에는 글을 쓸 때 띄어쓰기를 전혀 하지 않았어요.

✎ 지금도 한자를 사용하는 중국과 일본에서는 띄어쓰기를 하지 않아요.

✎ 우리나라는 1896년 최초의 한글 신문인 〈독립신문〉에서 지금과 같은 띄어쓰기를 사용하기 시작했어요.

글을 쓸 때 지켜야 할 것

1문단 글을 쓸 때는 맞춤법과 띄어쓰기를 지켜야 합니다. 맞춤법은 말을 글자로 적을 때 *일정한 규칙에 맞도록 쓰는 법이에요. 띄어쓰기는 규칙에 따라 어떤 말을 *앞말과 띄어 쓰는 것을 말하지요. 맞춤법과 띄어쓰기는 뜻을 *분명하게 *전달하고 글을 쉽게 읽을 수 있도록 도와줍니다. 그래서 글을 쓸 때는 읽는 사람이 뜻을 잘 이해할 수 있도록 맞춤법과 띄어쓰기를 올바르게 지키는 것이 중요합니다.

2문단 맞춤법은 아주 작은 차이로도 쉽게 틀릴 수 있기 때문에 주의해야 합니다. 관련된 예시를 말씀드리겠습니다. "저는 아홉 살**이에요**."가 맞을까요? "저는 아홉 살**이예요**."가 맞을까요? '이에요'와 '이예요'는 발음이 비슷해서 헷갈릴 때가 많습니다. 하지만 '예요'는 '이에요'를 줄인 말이어서 '이예요'라고 합쳐서 쓸 수 없습니다. 이렇게 한 끗 차이로도 맞춤법에 어긋난 글을 쓰게 될 수 있어서 주의해야 합니다.

3문단 글을 쓸 때는 맞춤법뿐만 아니라 띄어쓰기도 잘 지켜야 합니다. '아버지가∨방에∨들어가신다.'라는 문장이 있습니다. 이 문장을 띄어쓰기 없이 '아버지가방에들어가신다.'라고 전부 붙여서 쓰면 읽는 사람은 아버지가 '방에 들어가시는 것'과 '가방에 들어가시는 것' 두 가지 뜻으로 이해할 수 있습니다. 그래서 자신이 표현하고 싶은 뜻에 맞게 띄어쓰기를 잘 해야 한답니다.

이런 뜻이에요

- **일정한** 어떤 것의 크기, 모양, 범위, 시간 등이 하나로 정하여져 있는.
- **앞말** 바로 앞에 오는 말.
- **분명하게** 모습이나 소리 등이 흐릿함이 없이 똑똑하고 뚜렷하게.
- **전달하고** 내용이나 뜻을 전하여 알게 하고.

1 이 글의 중심 낱말 2개를 　보기　에서 찾아 쓰세요.

보기
| 나이 | 의미 | 맞춤법 | 띄어쓰기 |

(　　　 , 　　　)

2 이 글의 글쓴이의 주장으로 알맞은 것은 무엇인가요? (　　　)

① 띄어쓰기보다 맞춤법이 더 중요하다.

② 말을 잘하는 것보다 글을 잘 쓰는 것이 어렵다.

③ 글을 쓸 때는 맞춤법과 띄어쓰기를 잘 지켜야 한다.

④ 맞춤법은 말을 글자로 적을 때 일정한 규칙에 맞도록 쓰는 법이다.

3 띄어쓰기를 바르게 해야 하는 이유를 알맞게 설명한 어린이는 누구인가요?

(　　　)

서현: 말을 듣는 사람이
잘못 이해할 수 있기 때문이에요.

해인: 어떻게 띄어 쓰는지에 따라
다른 뜻으로 이해할 수도 있기
때문이에요.

4 다음 문장은 틀리게 쓴 문장이에요. 다음 문장이 틀린 이유는 무엇인가요? (　　　)

제 동생은 다섯 살이예요.

① 맞춤법에 맞지 않아서

② 문장 부호가 틀려서

③ 존댓말을 잘못 써서

④ 띄어쓰기를 잘못해서

온라인 게시 글

책에 오타가 있어요

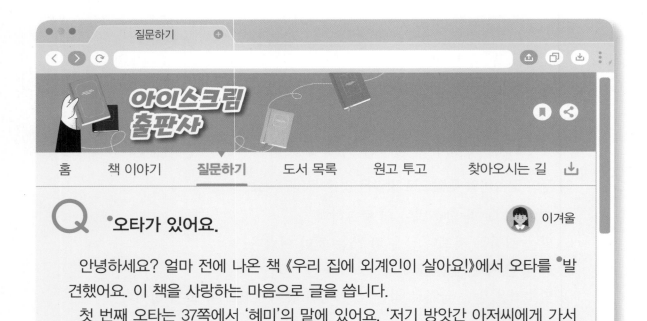

질문하기

홈 책 이야기 **질문하기** 도서 목록 원고 투고 찾아오시는 길

Q °오타가 있어요.   이겨울

　안녕하세요? 얼마 전에 나온 책 《우리 집에 외계인이 살아요!》에서 오타를 °발견했어요. 이 책을 사랑하는 마음으로 글을 씁니다.

　첫 번째 오타는 37쪽에서 '혜미'의 말에 있어요. '저기 방앗간 아저씨에게 가서 길을 물어보고 올게.'에서 문장 부호는 작은따옴표가 아닌 큰따옴표를 써야 해요. 혜미가 대화하고 있는 부분이기 때문이에요.

　다음으로 120쪽 다섯 번째 줄에 '°웬일인지 철이가 오지 않았다.'에서 '웬일'이 틀린 것 같아요. '웬일'이 아니라 '왠일' 아닌가요?

　아이스크림 출판사

　안녕하세요? 《우리 집에 외계인이 살아요!》의 오타를 확인하고 답변드립니다.

　37쪽 '저기 방앗간 아저씨에게 가서 길을 물어보고 올게.'에서 문장 부호는 큰따옴표를 쓰는 것이 맞습니다. 독서에 불편을 드려 죄송합니다.

　120쪽 다섯 번째 줄 '웬일인지 철이가 오지 않았다.'에서 '웬일'은 맞춤법에 맞는 표현입니다. 참고로, '왠일'이라는 단어는 사전에 없는 단어랍니다.

　관심을 가지고 글을 남겨 주셔서 감사드립니다. 오늘도 좋은 하루 보내세요.

이런 뜻이에요

- **오타** 타자기나 컴퓨터 따위를 칠 때에 잘못 침. 또는 그런 글자.
- **발견했어요** 아직 찾아내지 못했거나 세상에 알려지지 않은 것을 처음으로 찾아냈어요.
- **웬일** 어찌 된 일. 의외의 뜻을 나타냄.

1 겨울이가 이 글을 쓴 이유는 무엇인가요? (   )

① 책이 언제 나오는지 물어보기 위해서

② 책이 잘못 인쇄되어 교환받기 위해서

③ 책에 있는 잘못된 글자들을 알려 주기 위해서

④ 책을 재미있게 읽었다는 감상을 남기기 위해서

2 이 글과 답변에 대한 내용으로 맞으면 ○표, 틀리면 ×표 하세요.

⑴《우리 집에 외계인이 살아요!》는 나온 지 오래된 책이에요.   (   )

⑵《우리 집에 외계인이 살아요!》의 37쪽에는 혜미의 말이 있어요.   (   )

3 이 글과 선생님의 설명을 읽고, 이해한 내용을 바르게 말한 어린이에 ○표 하세요.

> 선생님: 큰따옴표는 대화하는 부분에 쓰고, 작은따옴표는 생각이나 속마음을 나타낼 때 써요.

> 성민: 인물이 소리 내어 한 말을 적을 때는 큰따옴표를 써야겠구나!

> 다솜: 인물이 작은 목소리로 속삭이듯 말한 경우는 작은따옴표를 써야겠구나!

4 다음 문장에서 잘못된 부분을 찾아 문장을 바르게 고쳐 쓰세요.

> 항상 늦잠을 자던 동생이 왠일로 일찍 일어났어요.

2주 2일

오늘의 낱말

다음 낱말을 소리 내어 읽어 보고 뜻을 살펴보세요.

위인

뛰어난 업적을 세우거나 훌륭한 삶을 산 사람.

조화

서로 잘 어울림.

대표하다

어떤 조직이나 집단의 대표가 되어 활동하거나, 그들의 의견을 나타냄.

뛰어나다

능력 등이 남보다 더 훌륭하거나 우수함.

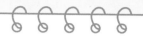

오늘의 퀴즈

굵게 표시된 6개의 낱말 가운데 오늘 배운 4개의 낱말에 ◯표 하세요.

세종 대왕은 우리나라에 많은 **업적**을 남긴 **위인** 중 한 명이에요. 세종 대왕을 **대표하는** 업적 중 하나는 바로 한글이에요. 오늘날 세계의 **학자**들도 한글이 세계에서 가장 **뛰어난** 글자 중 하나라고 인정해요. 한글은 배우기 쉬울 뿐만 아니라, 음과 양, 하늘, 땅, 사람의 **조화**를 담고 있어요.

 미리 쌓는 배경지식

국가유산

- 국가유산이란 조상들의 문화 가운데 후손들에게 물려줄 만한 가치가 있는 것을 말해요.
- 유물이나 유적, 생활 도구처럼 형태가 있는 국가유산도 있고, 음악, 춤, 놀이처럼 형태가 없는 국가유산도 있어요.
- 국가유산을 통해 조상들의 생활 방식과 생각을 알 수 있어요.

사회

우리나라 지폐에 그려져 있는 그림

1문단 우리나라 °지폐에는 우리나라를 °대표하는 °위인이 그려져 있다는 사실, 알고 있나요? 그뿐만 아니라 돈에는 동물과 식물, °국가유산도 함께 그려져 있어요.

2문단 만 원짜리 지폐의 앞면에는 세종 대왕이 그려져 있어요. 세종 대왕은 한글을 만든 임금님이에요. 한글로 지은 ㉠최초의 책 '용비어천가'의 한 부분도 적혀 있지요. 뒷면에는 하늘의 움직임과 별, 달의 위치를 관찰하는 °기구인 '혼천의'가 그려져 있어요. 혼천의는 세종 대왕이 °아끼던 과학자 장영실이 발명한 것이에요.

3문단 천 원짜리 지폐의 앞면에 그려진 사람은 퇴계 이황이에요. 퇴계 이황은 조선 시대의 °뛰어난 °학자였어요. 그리고 퇴계 이황 그림의 배경에는 퇴계 이황이 제자들을 가르쳤던 '성균관'이 그려져 있답니다. 성균관은 조선 시대의 학교였어요.

4문단 이 밖에도 오천 원짜리 지폐의 앞면에는 퇴계 이황과 더불어 뛰어난 학자로 유명했던 율곡 이이가 그려져 있어요. 오만 원짜리 지폐에는 율곡 이이의 어머니이자 훌륭한 예술가였던 신사임당이 그려져 있어요. 어머니와 아들이 나란히 지폐 속 위인이 된 것이지요.

이런 뜻이에요

- **지폐** 종이로 만든 돈.
- **대표하는** 어떤 조직이나 집단의 대표가 되어 활동하거나, 그들의 의견을 나타내는.
- **위인** 뛰어난 업적을 세우거나 훌륭한 삶을 산 사람.
- **국가유산** 문화적인 가치가 높아 후손들에게 물려줄 필요가 있는 유산.
- **기구** 간단한 기계나 도구.
- **아끼던** 사람이나 물건을 보살피고 소중하게 여기던.
- **뛰어난** 능력 등이 남보다 더 훌륭하거나 우수한.
- **학자** 특정 학문을 아주 잘 아는 사람. 학문을 연구하는 사람.

1 이 글은 무엇에 대한 글인가요?

· 우리나라 [   ][   ]에 그려져 있는 위인과 국가유산

 2 각 문단과 중심 내용이 올바른 짝이 되도록 선으로 이어 보세요.

1문단 ·

· 만 원짜리 지폐에는 세종 대왕과 용비어천가, 혼천의가 그려져 있어요.

2문단 ·

· 천 원짜리 지폐에는 퇴계 이황과 성균관이 그려져 있어요.

3문단 ·

· 우리나라 지폐에는 우리나라를 대표하는 위인, 국가유산 등이 그려져 있어요.

4문단 ·

· 오천 원짜리 지폐에는 율곡 이이, 오만 원짜리 지폐에는 신사임당이 그려져 있어요.

 3 이 글에 대한 내용으로 알맞은 것은 무엇인가요? (   )

① 한글을 만든 사람은 장영실이에요.
② 율곡 이이와 신사임당은 가족이에요.
③ 용비어천가는 한문으로 쓰인 책이에요.
④ 혼천의를 만든 사람은 퇴계 이황이에요.

 4 ㉠과 비슷한 뜻을 가진 낱말은 무엇인가요? (   )

① 처음   ② 최근   ③ 이후   ④ 마지막

동영상

십 원짜리 동전에 새겨져 있는 탑

10원짜리 동전의 탑은 무슨 탑일까?!

조회수 1101회 1개월 전

 역사이야기 TV
구독자 52.4만 명

↪ 공유　≡+ 저장　• • •

　안녕하세요? 여러분, 오늘 동영상에서는 십 원짜리 동전에 •새겨져 있는 탑이 무엇인지 함께 알아볼게요. 바로 경주 불국사에 있는 다보탑인데요. 통일 신라 때 만들어진 다보탑은 사각형, 팔각형, 원형 등 여러 가지 모양이 •조화를 이룬, 아주 •화려하게 생긴 탑이에요. 다보탑은 ㉠뛰어난 가치를 •인정받아 •국보가 되었지요.
　불국사에서 다보탑과 서로 마주 보고 서 있는 짝꿍 탑, 삼층석탑도 함께 알아볼까요? 삼층석탑은 석가탑이라고도 불려요. 삼층석탑은 돌로 만들어진 탑으로, 우리나라를 대표하는 탑 중 하나예요.
　이번 동영상이 유익하셨나요? 궁금한 점이 있다면 댓글 달아 주세요.

이런 뜻이에요

- **새겨져**　그림이나 글씨 등이 파여.
- **조화**　서로 잘 어울림.
- **화려하게**　곱고 아름다우며 환하게 빛나 보기에 좋게.
- **인정받아**　어떤 것의 가치나 능력 등이 확실하다고 여겨져.
- **국보**　국가가 법으로 정해 보호하고 관리하는 문화재.

1 다보탑과 삼층석탑이 있는 곳은 어디인가요?

• 경주 ☐☐☐☐

2 다음 대화에서 참별이가 말하는 탑은 무엇인지 알맞은 것에 ○표 하세요.

> "참별아, 주말에 경주 불국사에 갔다 왔다며? 무엇이 가장 좋았니?"
> 선생님께서 참별이에게 물어보셨어요.
> "불국사에 가서 동전으로만 봤던 탑을 실제로 보게 되니 참 신기했어요.
> 실제로 보니 생각보다도 크고 화려한 모습이 멋있었어요."

| 다보탑 | 삼층석탑 |

3 이 동영상에서 알 수 없는 내용은 무엇인가요? (   )

① 다보탑을 만든 사람
② 다보탑이 만들어진 시기
③ 삼층석탑의 또 다른 이름
④ 삼층석탑을 만드는 데 사용된 재료

4 다음 (   ) 안에 들어갈 알맞은 말을 골라 ○표 하여 ㉠의 뜻을 완성해 보세요.

> ㉠ '뛰어난'은 '능력 등이 남보다 더 (**훌륭하거나 / 평범하거나**) 우수한.'
> 이라는 뜻이에요.

3일

오늘의 낱말

다음 낱말을 소리 내어 읽어 보고 뜻을 살펴보세요.

신동

머리가 좋고 재주가 뛰어난 어린아이.

재능

어떤 일을 하는 데 필요한 재주와 능력.

갈고닦다

학문, 재주 등을 열심히 배우고 익힘.

발휘하다

재능이나 실력 등을 잘 나타냄.

다음 낱말과 뜻이 올바른 짝이 되도록 선으로 이어 보세요.

신동 •	• 어떤 일을 하는 데 필요한 재주와 능력.
재능 •	• 재능이나 실력 등을 잘 나타냄.
갈고닦다 •	• 머리가 좋고 재주가 뛰어난 어린아이.
발휘하다 •	• 학문, 재주 등을 열심히 배우고 익힘.

  미리 쌓는 배경지식

모차르트

- 모차르트는 하이든, 베토벤과 함께 역사상 가장 위대한 작곡가로 손꼽히는 천재 음악가예요.
- 어렸을 때부터 음악에 재능을 보이며 신동 소리를 듣고 자란 모차르트는 일평생 음악과 함께 했어요.
- 비록 모차르트는 젊은 나이에 세상을 떠나고 말았지만 그가 남긴 수많은 음악은 지금까지도 사람들을 감동시키고 있어요.

음악의 천재

1문단 "반짝반짝 작은 별……."이라는 동요를 한 번쯤은 다들 불러 봤지요? 누구나 아는 이 동요를 *작곡한 사람은 누구일까요? 바로 모차르트예요. 모차르트는 1756년 오스트리아 잘츠부르크에서 태어났어요. 모차르트는 어려서부터 음악에 대단한 *재능을 보였어요. *무려 5살 때 작곡을 시작했을 정도였지요. *신동이라는 소리를 듣고 자란 모차르트는 사람들 앞에서 자신의 솜씨를 *발휘하여 연주하는 것을 즐겼어요. 천으로 자신의 눈을 가리고 연주해도 실수가 없어 사람들의 박수를 받기까지 했지요.

2문단 그 후 모차르트는 잘츠부르크의 *궁정 음악가가 되었어요. 하지만 당시 궁정 음악가는 제빵사나 시종, 하인보다도 낮은 신분이었어요. 자신이 원하는 음악을 마음껏 할 수 없게 된 모차르트는 자유를 찾기 위해 잘츠부르크를 떠나 빈으로 갔어요.

3문단 빈에서 모차르트는 우리에게 잘 알려진 '피가로의 결혼', '돈 조반니'와 같은 수많은 오페라와 교향곡을 작곡했어요. 하지만 *사치스럽게 생활하면서 빚이 생겨 가난해졌고, 너무 열심히 음악을 작곡하고 연주한 나머지 건강도 나빠지기 시작했지요. 결국 모차르트는 35세의 젊은 나이로 세상을 떠나고 말았어요. 모차르트는 죽기 전까지 600여 곡이라는 어마어마하게 많은 양의 음악을 남겼답니다.

이런 뜻이에요

- **작곡한** 음악 작품을 창작한.
- **재능** 어떤 일을 하는 데 필요한 재주와 능력.
- **무려** 그 수가 예상보다 상당히 많음을 나타내는 말.
- **신동** 머리가 좋고 재주가 뛰어난 어린아이.
- **발휘하여** 재능이나 실력 등을 잘 나타내어.
- **궁정** 한 나라의 임금이 사는 집.
- **사치스럽게** 필요 이상의 돈을 쓰거나 값비싼 물건을 사용하며 분수에 지나친 생활을 하는 데가 있게.

1 이 글은 무엇에 대해 쓴 글인가요?

・ | | | | | |의 인생

 2 다음에서 모차르트가 겪은 일을 차례대로 골라 빈칸에 기호를 써 보세요.

> (가) 1756년에 태어났어요.
> (나) 35세의 나이로 세상을 떠났어요.
> (다) 빈에서 수많은 음악을 작곡했어요.
> (라) 잘츠부르크의 궁정 음악가가 되었어요.
> (마) 5살 때 작곡을 시작하여 신동 소리를 들었어요.

・((가)) → ( ) → ( ) → ( ) → ( )

 3 이 글을 읽고 알 수 있는 사실로 알맞지 <u>않은</u> 것은 무엇인가요? ( )

① 모차르트는 오스트리아 사람이에요.
② 모차르트는 눈을 가리고도 피아노를 칠 수 있었어요.
③ 모차르트는 음악을 마음껏 하기 위해 잘츠부르크에 머물렀어요.
④ 모차르트는 사람들 앞에서 자신의 솜씨를 뽐내는 것을 좋아했어요.

 4 이 글을 읽은 후 느낀 점을 알맞게 이야기한 어린이는 누구인가요? ( )

> 민후: 모차르트가 젊은 나이에 세상을 떠나지 않았다면 얼마나 더 많은 음악
> 을 남겼을까?
> 해미: 모차르트는 고귀한 신분이었던 궁정 음악가를 버리고 자신이 원하는
> 음악을 하러 떠날 정도로 열정적이었네.

음악 연주회에 초대합니다

(가)

단빛음악학원   8월 3일 토요일 11시, 인주문화회관 대강당에서 *정기 연주회가 열립니다. 한 학기를 마무리하며 그동안 *갈고닦은 솜씨를 선보이고자 하오니 아이들에게 아낌없는 *격려와 박수를 부탁드립니다. 아이들은 9시 30분까지 학원으로 보내 주세요. 부모님은 10시 30분까지 해당 장소로 오시면 됩니다. 아이들을 위하여 끝까지 자리를 지켜 주시길 부탁드립니다.

1일 전

(나)

이진아   오늘은 우리 아들의 정기 연주회가 있는 날이었어요. 사람들 앞에서 연주하는 것은 처음이라 긴장할 줄 알았는데, 떨지도 않고 잘하더라고요. 모차르트의 피아노 연주곡을 ㉠치는 걸 보니 우리 아들이 언제 이렇게 컸나 싶어서 눈물이 찔끔 났어요. 피아노와 바이올린 연주가 끝난 다음에는 선생님과 학생들이 모두 모여 합창을 했는데 정말 감동적이었답니다.

30분 전

이런 뜻이에요

- **정기** 기한이나 기간이 일정하게 정해져 있음. 또는 그 기한이나 기간.
- **갈고닦은** 학문, 재주 등을 열심히 배우고 익힌.
- **격려** 용기나 의욕이 솟아나도록 북돋워 줌.

1 (가)와 (나)는 무엇에 대해 쓴 글인가요?

| 피아노 구매 | 정기 연주회 | 연주회 관람 예절 |

2 (가)에서 알 수 있는 내용으로 맞으면 ○표, 틀리면 ×표 하세요.

(1) 연주회가 열리는 날짜   (   )

(2) 연주회가 열리는 장소   (   )

(3) 연주회가 끝나는 시간   (   )

3 (나)를 읽고 짐작한 내용으로 알맞은 것은 무엇인가요? (   )

① 글쓴이는 친구의 정기 연주회를 다녀왔군.

② 합창은 학생들과 선생님, 부모님이 함께 했군.

③ 글쓴이의 자녀는 사람들 앞에서 연주하는 것이 처음이었군.

④ 정기 연주회는 피아노 연주, 모차르트 영화 관람, 합창의 순서로 진행되었군.

4 '치는'이 ㉠과 같은 뜻으로 쓰인 문장은 무엇인가요? (   )

① 비바람이 거세게 <u>치는</u> 날이다.

② 이 책은 밑줄 <u>치는</u> 재미가 있는 책이다.

③ 장구를 <u>치는</u> 아이의 모습이 즐거워 보인다.

④ 배추에 소금을 <u>치는</u> 어머니의 손길이 거침없었다.

4일

다음 낱말을 소리 내어 읽어 보고 뜻을 살펴보세요.

방해

일이 제대로 되지 못하도록 간섭하고 막음.

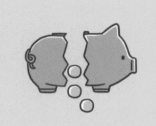

손상

물체가 깨지거나 상함.

예절

사람이 사회 생활에서 지켜야 하는 바르고 공손한 태도나 행동.

보관하다

물건을 맡아서 간직하여 둠.

오늘의 퀴즈

빈칸에 들어갈 알맞은 말을 보기 에서 골라 쓰세요.

보기

| 방해 | 보관 | 손상 | 예절 |

1 사물함에 교과서를 ☐☐했어요.

2 웃어른에게 ☐☐을 지켜야 해요.

3 작품이 ☐☐될 수 있으니 만지면 안 돼요.

4 수업 시간에 친구를 ☐☐하면 선생님께 주의를 받을 수 있어요.

미리 쌓는 배경지식

미술 작품 감상법

🌿 미술 작품을 감상할 때에는 먼저 안내물이나 인터넷을 통해 정보를 수집하는 것이 좋아요.

🌿 모든 작품을 자세히 보려고 하기보다는, 전체적으로 작품들을 본 다음에 관심 있는 작품을 집중적으로 살펴보는 것도 좋아요.

🌿 작품을 억지로 이해하려고 하지 말고, 편안하게 감상해요.

교과서 문해력

도덕

미술관에 가면 예절을 지켜요

1문단 미술관에서 작품을 감상할 때는 몇 가지 *예절을 지켜야 해요. 첫 번째, 미술관에서 작품의 사진을 찍는 것을 *허용하는지 확인해야 해요. 사진을 찍는 것이 가능하더라도 카메라 플래시를 터뜨리는 것은 *금지되어 있는 경우가 많아요. 카메라 플래시가 터지는 순간, 아주 강한 빛이 휴대폰에서 뿜어져 나와 작품에 *손상이 갈 수 있기 때문이지요.

2문단 두 번째, 미술관 안에서 큰 소리로 떠들거나 작품을 만지는 등의 장난을 치면 안 돼요. 미술관은 여러 사람이 함께 작품을 감상하는 공공 장소예요. 큰 소리로 떠들거나 뛰어다니며 장난을 치면 다른 관람객들이 작품을 감상하는 데 *방해가 돼요. 또, 작품을 건드리면 작품이 망가질 수 있어요.

3문단 세 번째, 미술관 안에 음식물을 가지고 들어가서는 안 돼요. 음식물이 작품에 묻거나 먹던 음식을 흘려서 다른 관람객에게 피해를 줄 수 있기 때문이에요. 따라서 관람을 하기 전에 음식물은 모두 다 먹고 들어가거나 미술관에서 정해 주는 장소에 음식물을 *보관하고 입장해야 해요.

이런 뜻이에요

- **예절** 사람이 사회 생활에서 지켜야 하는 바르고 공손한 태도나 행동.
- **허용하는지** 허락하여 너그럽게 받아들이는지.
- **금지되어** 법이나 규칙이나 명령으로 어떤 행위가 이루어지지 못하게 되어.
- **손상** 물체가 깨지거나 상함.
- **방해** 일이 제대로 되지 못하도록 간섭하고 막음.
- **보관하고** 물건을 맡아서 간직하여 두고.

1 이 글은 무엇에 대한 글인가요? (   )

① 미술관의 역사

② 미술관 특별 전시

③ 미술관 관람 예절

④ 미술관 큐레이터의 일

2 이 글은 누가 읽기를 바라고 쓴 글인가요? (   )

① 미술관을 관리하는 직원

② 미술관을 방문하는 관람객

③ 전시를 기획하는 큐레이터

④ 미술관에 작품을 전시하는 작가

3 미술관에서 지켜야 할 예절로 맞으면 ○표, 틀리면 ×표 하세요.

(1) 조용한 자세로 작품을 감상한다.   (   )

(2) 음료를 모두 마시고 미술관에 들어간다.   (   )

(3) 카메라 플래시를 터뜨리며 사진을 찍는다.   (   )

4 이 글에 새로운 4문단을 덧붙이려고 해요. 4문단에 들어갈 내용을 바르게 말한 어린이는 누구인가요? (   )

① 우리 동네 미술관에서 하는 전시를 소개해야겠어.

② 예절을 잘 지켜서 올바른 관람 문화를 만들자고 써야겠어.

③ 미술관에서는 조용히 해야 한다는 내용을 덧붙여야겠어.

인 터 뷰

큐레이터는 어떤 일을 하나요?

기자

　오늘은 예술이나 역사에 관심이 많은 분들이라면 한 번쯤 들어보셨을 직업, 큐레이터 편입니다. 박승주 큐레이터와 함께 큐레이터에 대해 궁금했던 것들을 알아보겠습니다. 미술관 큐레이터는 어떤 일을 하나요?

박승주

　안녕하세요? 서울 미술관에서 큐레이터로 일하는 박승주입니다. 반갑습니다. 저는 사람들에게 미술 작품을 소개하는 일을 합니다. 또, 작품을 모아서 전시를 ˚기획하고, 작품이 망가지지 않도록 관리도 합니다.

기자

　그렇군요. 보통 미술관 큐레이터와 박물관 큐레이터가 어떻게 다른지 궁금해하는 분들도 많은데요. 박물관 큐레이터는 어떤 일을 하나요?

박승주

　박물관 큐레이터는 박물관에서 가지고 있는 오래된 유물, 역사 자료 등을 ㉠˚보존하는 일을 합니다. 그리고 전시회를 기획하기 때문에 역사적인 지식이 필요하답니다.

기자

　그렇군요. 큐레이터를 꿈꾸는 아이들에게 도움이 되는 인터뷰였습니다. 감사합니다.

이런 뜻이에요

- **기획하고** 행사나 일 등의 절차와 내용을 미리 자세하게 계획하고.
- **보존하는** 중요한 것을 잘 보호하여 그대로 남기는.

1 이 인터뷰에 등장하는 직업에 모두 ○표 하세요.

> 기자   역사학자   큐레이터

2 이 인터뷰를 한 목적은 무엇인가요? (   )

① 미술관에 가는 방법을 안내하려고
② 미술 작품이 탄생하는 과정을 설명하려고
③ 큐레이터가 하는 일이 무엇인지 알아보려고
④ 주말에 방문할 만한 미술 전시회를 소개하려고

3 미술관 큐레이터가 되고 싶은 어린이가 인터뷰를 읽고 할 수 있는 활동으로 알맞은 것에 ○표 하세요.

> 미술관 큐레이터가
> 쓴 책 읽어 보기

> 역사학자의 인터뷰
> 찾아보기

> 어떤 미술 작품을
> 만들지 생각해 보기

4 다음 중 ㉠과 바꾸어 쓸 수 <u>없는</u> 말은 무엇인가요? (   )

① 보호하는
② 유지하는
③ 관리하는
④ 파괴하는

5일

다음 낱말을 소리 내어 읽어 보고 뜻을 살펴보세요.

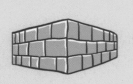

모퉁이

구부러지거나 꺾여 돌아간 자리.

사흘

세 날.

팻말

무엇을 알리기 위해 글씨, 기호, 그림 등을 새겨서 붙이거나 세워 놓은 판이나 말뚝.

엿보다

남이 알지 못하게 몰래 봄.

오늘의 퀴즈

오늘 배운 낱말을 떠올리며 밑줄 친 부분을 바르게 고쳐 쓰세요.

예시

미술 준비물을 <u>놓고</u> 와서 집으로 다시 돌아가요.

놓	고

1 건물 앞에는 <u>패말</u>이 세워져 있어요.

2 '3일 밤'은 '<u>나흘</u> 밤'과 같은 말이에요.

3 우체국은 이 길 <u>모둥이</u>만 돌면 있어요.

4 세찬이는 교무실을 <u>옅보다가</u> 혼났어요.

미리 쌓는 배경지식

의인법

- 의인법이란 사람이 아닌 것을 사람처럼 빗대어 표현하는 방법이에요.
- 의인법을 쓰면 사물이나 풍경을 더욱 생생하게 표현할 수 있어요.
- 시에서 사람이 아닌 동물, 식물, 사물을 사람처럼 말하고 행동하는 것으로 나타내는 표현 방법이 무엇인지 찾아봐요.

교과서 문해력

국 어
해바라기 씨 | 정지용

해바라기 씨를 심자.
담 *모퉁이 참새 눈 숨기고
해바라기 씨를 심자.

누나가 손으로 다지고 나면
바둑이가 앞발로 다지고
*괭이가 꼬리로 다진다.

우리가 눈 감고 한밤 자고 나면
이슬이 내려와 같이 자고 가고,

우리가 이웃에 간 동안에
햇빛이 입 맞추고 가고,

㉠ 해바라기는 첫 *시악시인데
*사흘이 지나도 부끄러워
고개를 아니 든다.

가만히 *엿보러 왔다가
소리를 깩! 지르고 간 놈이
오오, 사철나무 잎에 숨은
청개구리 고놈이다.

이런 뜻이에요

● **모퉁이** 구부러지거나 꺾여 돌아간 자리.
● **괭이** 고양이.
● **시악시** '색시'의 방언. 이제 막 결혼한 여자.

● **사흘** 세 날.
● **엿보러** 남이 알지 못하게 몰래 보러.

1 이 시의 배경으로 가장 알맞은 곳은 어디인가요? (   )

① 연꽃이 가득 핀 연못

② 모내기가 한창인 논밭

③ 해수욕장이 넓게 펼쳐진 해변

④ 담장과 작은 마당이 있는 시골집

2 이 시에서 누나와 동생은 무엇을 하고 있나요? (   )

① 해바라기가 피기를 기다리고 있다.

② 해바라기가 지는 것을 슬퍼하고 있다.

③ 해바라기의 아름다움에 감동하고 있다.

④ 해바라기를 심었던 날을 그리워하고 있다.

3 이 시에 나타난 장면이 <u>아닌</u> 것은 무엇인가요? (   )

① 누나와 함께 이웃집에 놀러가는 모습

② 해바라기 씨를 심고 다음날 새싹이 돋아난 모습

③ 해바라기 씨를 심은 곳에서 고양이가 놀고 있는 모습

④ 누나가 해바라기 씨를 심고 손으로 흙을 다지는 모습

4 ㉠의 뜻을 알맞게 짐작한 어린이는 누구인가요? (   )

> 홍도: 해바라기가 어여쁜 색시를 처음 보고 수줍어서 고개를 숙이고 있는 모
> 습을 표현한 거야.
>
> 윤복: 수줍음 많은 색시가 고개를 숙이고 있듯이 해바라기가 부끄러워서 3일
> 이 지나도 싹을 틔우지 않았다는 걸 표현한 거야.

실생활 문해력

텃밭에 나무를 심어요

20○○년 ○○월 ○○일   월요일   날씨

아빠가 시장에서 °묘목을 사 오셨다. 잎이 몇 장 나지 않은 어린 복숭아나무였다.

동생과 나는 집 앞 텃밭 한쪽에 흙구덩이를 파고, 화분에 있던 묘목을 조심스레 옮겨 심었다. 복숭아나무 앞에는 동생과 나의 이름을 적은 °팻말도 정성스럽게 꽂았다. ㉠우리 집 강아지 초롱이가 복숭아나무 묘목 주변을 뛰어다니는 것을 말리느라 애를 먹었다.

복숭아나무가 ㉡쑥쑥 자라서 하루빨리 꽃도 피고 복숭아도 열렸으면 좋겠다.

이런 뜻 이에요

● **묘목**   다른 곳으로 옮겨 심기 위하여 키우는 어린 나무.
● **팻말**   무엇을 알리기 위해 글씨, 기호, 그림 등을 새겨서 붙이거나 세워 놓은 판이나 말뚝.

1 이 글에 등장한 인물에 모두 ○표 하세요.

| 엄마 | 아빠 | 동생 | 선생님 |

2 이 글에서 '나'가 한 일이 <u>아닌</u> 것은 무엇인가요? (　　　)

① 텃밭에 흙구덩이 파기
② 이름이 적힌 팻말 꽂기
③ 시장에서 묘목 사 오기
④ 복숭아나무 묘목 옮겨 심기

3 ㉠에서 알 수 있는 '나'의 기분은 어떠한가요? (　　　)

① 묘목이 작아서 실망한 마음
② 묘목을 심어서 기쁘고 설레는 마음
③ 묘목이 너무 크게 자랄까 봐 걱정하는 마음
④ 강아지가 묘목을 쓰러뜨릴까 봐 걱정하는 마음

4 ㉡ 대신 쓸 수 있는 말은 무엇인가요? (　　　)

> **쑥쑥**
>
> 갑자기 많이 커지거나 자라는 모양.

① 무럭무럭
② 달랑달랑
③ 새근새근
④ 폴짝폴짝

3주

교과서 문해력과 실생활 문해력을
한번에 키워 보세요.

일자	오늘의 낱말	오늘의 읽을거리	스스로 평가
1일	• 둘러싸다 • 칭송하다 • 풍요롭다 • 활약하다	교과서 낙성대에 얽힌 이야기 실생활 거인 할머니가 만든 섬	😄 🙂 🙁
2일	• 감상 • 대사 • 시리즈 • 줄거리	교과서 우리 동아리에 오세요 실생활 영화 감상을 나누어요	😄 🙂 🙁
3일	• 감염 • 면역력 • 증상 • 예방하다	교과서 우리 일상 속 단골 감염병 실생활 올바르게 손을 씻는 방법	😄 🙂 🙁
4일	• 가정 • 개인 • 소득 • 지출	교과서 돈을 왜 모아야 할까요? 실생활 용돈을 어디에 썼을까?	😄 🙂 🙁
5일	• 명소 • 생명체 • 해돋이 • 제공하다	교과서 우리에게 없어서는 안 될 태양 실생활 새해 첫날에는 해돋이를 봐요	😄 🙂 🙁

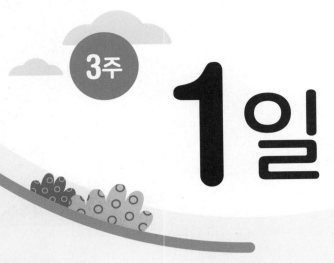

3주 1일

오늘의 낱말

다음 낱말을 소리 내어 읽어 보고 뜻을 살펴보세요.

둘러싸다
동그랗게 둘러서 막거나 가림.

칭송하다
매우 훌륭하고 위대한 점을 칭찬하여 말함.

풍요롭다
매우 많아서 넉넉함이 있음.

활약하다
활발히 활동함.

오늘의 퀴즈

오늘 배운 낱말을 떠올리며 밑줄 친 부분을 바르게 고쳐 쓰세요.

예시

미술 준비물을 <u>놓고</u> 와서 집으로 다시 돌아가요.

놓	고

1 경찰이 범인을 둘러<u>쌓고</u> 있었어요.

2 혜진이는 체육 대회에서 크게 <u>할약</u>했어요.

3 농사가 잘 돼서 <u>풍유로운</u> 생활을 할 수 있어요.

4 사람들은 강감찬 장군을 <u>친송</u>하여 석탑을 세웠어요.

미리 쌓는 배경지식

설화

- 설화란 입에서 입으로 전해져 내려오는 옛이야기를 말해요.
- 입에서 입으로 전해지면서 이야기가 덧붙어 지역마다 조금씩 내용이 달라지기도 해요.
- 설화에는 나라를 만든 인물, 어떤 마을이나 장소에 얽힌 이야기가 많아요.

사회

낙성대에 얽힌 이야기

1문단 서울특별시 관악구에는 '낙성대'라는 곳이 있어요. 낙성대는 고려 시대의 *명장 강감찬 장군이 태어난 곳이지요. 낙성대에는 강감찬 *탄생과 관련된 신비로운 이야기가 전해져 내려오고 있어요. 강감찬 장군이 태어나던 날 밤에 중국에서 온 *사신이 하늘의 별이 어떤 집으로 떨어지는 것을 보았다고 해요. 이것을 이상하게 여긴 사신이 다른 신하를 시켜 그 집에 가 보게 했는데, 그때 마침 그 집에서 아기가 태어났다고 해요. 그 아기가 바로 강감찬 장군이지요. 그리하여 별이 떨어진 그곳을 떨어질 '락(落)', 별 '성(星)', *집터 '대(坮)' 자를 써 낙성대라는 이름으로 부르기 시작했어요.

2문단 강감찬 장군은 어렸을 때부터 공부를 좋아하고 똑똑했어요. 벼슬에 오르고 나서는 나라를 위해 크게 *활약했어요. 고려의 *외적인 거란이 쳐들어왔을 때 *적군을 크게 물리치기도 했는데, 강감찬 장군이 승리로 이끈 이 싸움을 '귀주 대첩'이라고 해요. 귀주 대첩은 고구려 을지문덕 장군이 승리로 이끈 살수 대첩, 조선 시대 이순신 장군이 승리로 이끈 한산도 대첩과 함께 우리나라의 3대 대첩으로 손꼽혀요. 이러한 강감찬 장군의 활약을 *칭송하기 위해 사람들은 낙성대에 삼층석탑과 여러 건물들을 세웠답니다.

이런 뜻이에요

- **명장** 이름난 장수.
- **탄생** 사람이 태어남.
- **사신** 옛날에 임금이나 나라의 명령을 받고 다른 나라에 파견되었던 신하.
- **집터** 집이 있거나 있었거나, 집을 지을 자리.
- **활약했어요** 활발히 활동했어요.
- **외적** 외부나 외국으로부터 쳐들어오는 적.
- **적군** 적의 군대나 군사.
- **칭송하기** 매우 훌륭하고 위대한 점을 칭찬하여 말하기.

1 각 문단과 중심 내용이 올바른 짝이 되도록 선으로 이어 보세요.

3주
1일

| 1문단 | · | · | 낙성대에는 강감찬 탄생과 관련된 신비로운 이야기가 전해져 내려오고 있어요. |

| 2문단 | · | · | 강감찬 장군은 벼슬에 오르고 난 뒤에 나라를 위해 크게 활약했어요. |

2 강감찬 장군에 대한 설명으로 알맞은 것은 무엇인가요? (   )

① 강감찬 장군은 중국에서 태어났어요.
② 강감찬 장군은 어렸을 때부터 공부를 싫어했어요.
③ 강감찬 장군은 일본과의 전투를 승리로 이끌었어요.
④ 사람들은 강감찬 장군을 칭송하기 위해 석탑을 세웠어요.

3 이 글을 읽고 대답할 수 <u>없는</u> 질문은 무엇인가요? (   )

① 낙성대는 어디에 있나요?
② 낙성대의 뜻은 무엇인가요?
③ 우리나라의 3대 대첩은 무엇인가요?
④ 거란이 쳐들어온 이유는 무엇인가요?

4 이 글을 요약했어요. (   ) 안에 들어갈 말로 알맞은 낱말을 골라 쓰세요.

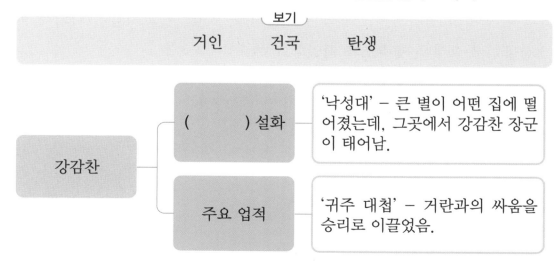

보기

거인   건국   탄생

강감찬

(   ) 설화 — '낙성대' – 큰 별이 어떤 집에 떨어졌는데, 그곳에서 강감찬 장군이 태어남.

주요 업적 — '귀주 대첩' – 거란과의 싸움을 승리로 이끌었음.

백 과 사 전

거인 할머니가 만든 섬

백과사전

아이스크림 백과사전

설문대 할망 설화로 알아보는 제주도 이야기

설문대 할망은 제주도의 이곳저곳을 만들었다고 알려진 우리나라 설화 속 인물이에요. 설문대 할망은 세상에서 가장 키가 크고 힘이 센 여자 신이에요. 키가 너무 커서 한라산을 베고 누우면 발끝이 제주도 북쪽 끝에 있는 섬에 닿을 정도였다고 해요.

제주도를 °풍요롭게 만든 설문대 할망

한라산은 제주도에 있는 화산이에요. 제주도에는 화산이 폭발할 때 함께 생긴 작은 화산인 '오름'이 많아요. 설화에서는 설문대 할망이 치마에 흙을 담아 날라서 부지런히 한라산을 만들었다고 해요. 그러다가 치마에서 터진 구멍 사이로 삐져나온 흙이 오름이 되었다고 이야기하지요.

제주도는 바다로 °둘러싸여 있어 해산물이 °풍부해요. 그리고 그 해산물을 °채집하는 것을 직업으로 하는 °해녀도 유명하지요. 설화에서는 설문대 할망의 오줌 줄기로부터 미역, 전복, 소라, 물고기들이 나와서 해산물이 풍요로운 제주도가 되었다고 해요.

이런 뜻이에요

- **풍요롭게** 매우 많아서 넉넉함이 있게.
- **둘러싸여** 동그랗게 둘러서 막거나 가리어.
- **풍부해요** 넉넉하고 많아요.
- **채집하는** 널리 찾아서 얻거나 캐거나 잡아 모으는.
- **해녀** 바닷속에 들어가 해삼, 전복, 미역 등을 따는 것을 직업으로 하는 여자.

1 이 글은 무엇에 대한 백과사전인가요?

· □ □ □ □ 할망 설화

2 글쓴이가 이 글을 쓴 목적으로 알맞은 것은 무엇인가요? (   )

① 제주도에 가는 법을 알려 주기 위해

② 제주도에 내려오는 설화를 알려 주기 위해

③ 제주도를 여행하고 난 뒤의 소감을 전하기 위해

④ 제주도에서 볼 수 있는 해산물을 소개하기 위해

3 설문대 할망에 관한 설명으로 알맞은 것은 무엇인가요? (   )

① 설문대 할망은 남자 신이에요.

② 설문대 할망은 키가 매우 커요.

③ 설문대 할망은 해녀가 직업이에요.

④ 설문대 할망은 한반도를 만들었어요.

4 설문대 할망의 행동과 그로 인해서 만들어진 것이 올바른 짝이 되도록 선으로 이어 보세요.

설문대 할망의 오줌 줄기로부터 나왔어요.	·	·	오름
설문대 할망이 치마의 흙을 담아 날라서 만들었어요.	·	·	한라산
설문대 할망의 터진 치마 구멍 사이로 삐져나온 흙이 쌓여 생겼어요.	·	·	해산물

2일

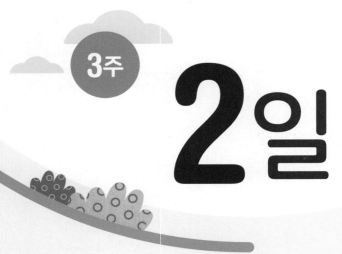

오늘의 낱말

다음 낱말을 소리 내어 읽어 보고 뜻을 살펴보세요.

감상

예술 작품이나 경치 등을 즐기고 이해하면서 평가함.

대사

영화나 연극에서 배우가 하는 말.

시리즈

드라마나 책 등이 한 번으로 끝나지 않고 일정한 형식과 틀을 유지한 채 여러 번 이어져 나오는 것.

줄거리

글의 내용이나 이야기의 중심이 되는 내용.

다음 낱말과 뜻이 올바른 짝이 되도록 선으로 이어 보세요.

감상	•		•	영화나 연극에서 배우가 하는 말.
대사	•		•	글의 내용이나 이야기의 중심이 되는 내용.
시리즈	•		•	예술 작품이나 경치 등을 즐기고 이해하면서 평가함.
줄거리	•		•	드라마나 책 등이 한 번으로 끝나지 않고 일정한 형식과 틀을 유지한 채 여러 번 이어져 나오는 것.

  미리 쌓는 배경지식

감상문

- 감상문이란 책, 영화, 연극, 음악 등 어떤 작품을 감상한 뒤에 자신의 생각이나 느낌을 적은 글이에요.
- 독서 감상문, 영화 감상문, 음악 감상문 등 다양한 종류가 있어요.
- 감상문을 쓰면 작품을 보면서 느꼈던 점을 시간이 지난 뒤에도 쉽게 떠올릴 수 있어요.

우리 동아리에 오세요

1문단 안녕하세요? 저는 우리 학교 동아리 중 하나인 영화 °감상 동아리 '영화 친구'의 회장 임현재입니다. '영화 친구'는 각자 좋아하는 영화를 보고 나서 느낀 점이나 가장 기억에 남았던 장면, 영화를 보고 새롭게 알게 된 사실 등에 대해 이야기하는 동아리예요.

2문단 우리 '영화 친구'는 매주 금요일마다 급식을 먹고 난 이후 함께 모여요. 한 주 동안 보았던 영화의 °줄거리를 친구들에게 소개하고, 영화를 보며 가장 °인상 깊었던 장면과 내용을 이야기합니다. 방학 때는 다 함께 친구 집에 모여 영화를 같이 보고, 영화의 내용을 주제로 토론을 하기도 해요.

3문단 동아리 활동을 하면서 친구들과 감상을 나누면 영화에서 기억에 남았던 °대사나 인상 깊었던 장면을 오래 기억할 수 있어요. 또, 영화 감상문을 적어 보면서 영화의 내용을 다시 한번 떠올리고, 영화를 보고 들었던 생각이나 느낌을 정리해 볼 수 있어요. 또한 다른 사람과 영화의 재미와 감동을 나눌 수도 있지요. 영화 보는 것을 좋아하는 친구들은 우리 '영화 친구'와 함께하면 어떨까요? 동아리에 가입하고 싶은 친구가 있다면 언제든지 저를 찾아오세요.

이런 뜻이에요

- **감상** 예술 작품이나 경치 등을 즐기고 이해하면서 평가함.
- **줄거리** 글의 내용이나 이야기의 중심이 되는 내용.
- **인상** 어떤 대상이 주는 느낌.
- **대사** 영화나 연극에서 배우가 하는 말.

1 이 글에서 소개하고 있는 동아리는 무엇인가요? (   )

① 종이접기 동아리

② 영화 감상 동아리

③ 악기 연주 동아리

④ 만화 그리기 동아리

2 이 글의 글쓴이의 생각으로 알맞은 것은 무엇인가요? (   )

① 재미있는 영화를 고르는 방법은 정해져 있다.

② 영화 줄거리는 최대한 간단하게 소개해야 한다.

③ 영화배우가 되는 방법은 영화를 최대한 많이 보는 것이다.

④ 영화 감상을 나누는 것은 영화를 오래 기억하는 데 도움이 된다.

3 다음은 '영화 친구'에 가입한 어린이들의 대화입니다. 알맞게 말하지 <u>않은</u> 어린이는 누구인가요? (   )

① 지수: 영화 감상문을 적으니 내가 느낀 감정을 잘 정리할 수 있었어.

② 나라: 오늘 나는 만화 영화 〈마당을 나온 암탉〉을 본 이야기를 할 거야.

③ 혜민: 매주 금요일에는 방과 후에 동아리 모임이 있어서 무척 기분이 좋아.

④ 한울: 이번 여름 방학에 현재네 집에 모여서 영화를 보고 토론했던 일이 기억
에 남아.

4 (   )에 들어갈 알맞은 단어를 골라 ○표 하세요.

영화 감상을 나눌 때는 영화의 (대사 / 줄거리)를 요약하고, 느낀 점을 말
해요.

대화

영화 감상을 나누어요

현재

이번 주 동아리 '영화 친구'의 *모임을 시작할게. 다들 어떤 영화를 보았니?

미소

나는 〈오즈의 마법사〉라는 영화를 보고 왔어. 유치원에 다닐 때 봤던 영화인데 다시 보니 더욱 재미있어서 *추천하고 싶어.

호연

나도 〈오즈의 마법사〉를 참 좋아해. 〈오즈의 마법사〉 소설도 다 읽을 정도였지. 다들 알고 있니? 〈오즈의 마법사〉는 사실 총 14권으로 이루어진 *시리즈야.

미소

그래? 그럼 영화로 본 내용은 엄청나게 많은 이야기가 *생략된 것이었겠네? 나도 도서관에서 빌려 보아야겠다.

현재

좋은 영화와 책을 추천해 줘서 고마워!

이런 뜻이에요

- **모임** 어떤 일을 하기 위하여 여러 사람이 모이는 일.
- **추천하고** 어떤 조건에 알맞은 사람이나 물건을 책임지고 소개하고.
- **시리즈** 드라마나 책 등이 한 번으로 끝나지 않고 일정한 형식과 틀을 유지한 채 여러 번 이어져 나오는 것.
- **생략된** 전체에서 일부분이 줄거나 빠져 짧아지거나 간단해진.

1 이 대화의 목적은 무엇인가요? ( )

① 독서의 중요성을 설명하려고

② 영화에 대한 감상을 나누려고

③ 책과 영화의 공통점을 설명하려고

④ 학교 도서관에 놓을 책을 결정하려고

2 이 대화에서 확인할 수 있는 것은 무엇인가요? ( )

① 책 〈오즈의 마법사〉의 줄거리

② 영화 〈오즈의 마법사〉의 등장인물

③ 영화 〈오즈의 마법사〉의 개봉 날짜

④ 책 〈오즈의 마법사〉 시리즈의 총 권수

3 이 대화를 읽고 이야기를 나누었어요. 잘못 이야기한 어린이는 누구인가요?

( )

① 영화 〈오즈의 마법사〉는 책에 나온 이야기를 많이 줄인 것이구나!

② 영화 〈오즈의 마법사〉와 책의 내용을 비교해 보면 재미있겠구나!

③ 영화 〈오즈의 마법사〉를 봤으면 책은 안 읽어도 되겠구나!

4 ( )에 들어갈 알맞은 단어를 이 글에서 찾아 쓰세요.

가족의 감동적인 이야기를 다룬 영화를 ( )해 주실 수 있나요?

오늘의 낱말

다음 낱말을 소리 내어 읽어 보고 뜻을 살펴보세요.

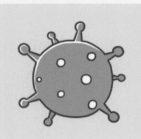

감염
병균이 식물이나 동물의 몸 안으로 들어가 퍼짐.

면역력
몸 밖에서 들어온 병균을 이겨 내는 힘.

증상
병을 앓을 때 나타나는 여러 가지 상태.

예방하다
병이나 사고 등이 생기지 않도록 미리 막음.

오늘의 퀴즈

다음 낱말 퍼즐에서 오늘 배운 4개의 낱말에 ○표 하세요.

솔	홍	증	흙	화
방	실	상	감	고
면	역	력	염	증
경	생	주	소	류
원	예	방	하	다

미리 쌓는 배경지식

감염병

- 감염병이란 병의 원인이 되는 미생물이 사람이나 동물의 몸에 옮아 자라서 일으키는 병을 부르는 말로, 전염병과 같은 말이에요.
- 감염병을 예방하기 위해서는 비누로 30초 이상 꼼꼼하게 손을 씻는 습관을 들여야 해요.
- 감기는 대표적인 감염병이에요.

과학

우리 일상 속 단골 감염병

1문단 감기는 우리 주변에서 가장 쉽게 볼 수 있는 *질환 중 하나예요. 겨울에는 감기에 걸리는 사람이 많아요. 날씨가 건조해지는 겨울에는 목 안과 콧속이 메마르게 돼요. 그러면 감기 *바이러스가 우리 몸을 *침입하기 쉬워지지요. 또, 날씨가 추워지면 체온이 떨어져 *면역력이 약해지기 때문에 감기에 쉽게 걸려요.

2문단 감기의 종류에는 목감기와 코감기가 있어요. 감기에 심하게 걸렸을 때는 두 가지 종류의 감기 *증상이 한꺼번에 나타날 수도 있어요. 목감기는 목이 퉁퉁 붓고 열이 나는 증상이 나타나요. 코감기는 코 막힘과 재채기로 시작돼요. 이어서 맑은 콧물이 흐르고, 감기가 나을수록 콧물이 누런색으로 변해요. 감기가 거의 다 나았을 때는 코딱지로 굳지요. 목감기와 코감기의 증상은 모두 우리 몸이 감기 바이러스와 싸우면서 생기는 것이에요.

3문단 감기는 다른 사람에게 *감염이 될 수 있는 질병이에요. 감기에 걸린 사람이 기침을 하거나 코를 풀 때 튄 침이나 콧물 때문에 감기가 옮을 수 있어요. 그러니 감기에 걸리면 마스크를 써서 다른 사람에게 피해를 주지 않도록 해야 해요. 그리고 무엇보다 평소에 손을 자주 씻어서 감기에 걸리지 않도록 하는 것이 가장 좋아요.

이런 뜻이에요

- **질환** 몸에 생기는 온갖 병.
- **바이러스** 유행성 감기, 소아마비 등의 감염성 병원체가 되는 아주 작은 미생물.
- **침입하기** 침범하여 들어가거나 들어오기.
- **면역력** 몸 밖에서 들어온 병균을 이겨 내는 힘.
- **증상** 병을 앓을 때 나타나는 여러 가지 상태.
- **감염** 병균이 식물이나 동물의 몸 안으로 들어가 퍼짐.

1 보기 에서 '감기'와 관련이 <u>없는</u> 단어 2개를 골라 쓰세요.

보기

| 열 | 여행 | 거울 | 콧물 | 감염 | 바이러스 |

(　　　 , 　　　)

2 이 글의 내용으로 알맞지 <u>않은</u> 것은 무엇인가요? (　　　)

① 체온이 떨어지면 면역력이 약해져요.
② 목감기와 코감기는 동시에 걸릴 수 없어요.
③ 다른 사람의 콧물이 닿으면 감기가 옮을 수 있어요.
④ 감기 증상은 우리 몸이 감기 바이러스와 싸울 때 나타나요.

3 다음에서 코감기의 증상을 시간 순서대로 골라 빈칸에 기호를 써 보세요.

(가) 코가 막히고 재채기가 나온다.
(나) 누런 콧물이 나온다.
(다) 맑은 콧물이 흐른다.
(라) 콧물이 코딱지로 굳는다.

• ((가)) → (　　　) → (　　　) → (　　　)

4 빈칸에 들어갈 알맞은 말을 이 글에서 찾아 쓰세요.

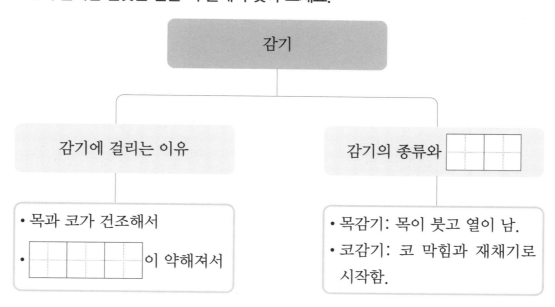

공 익 광 고

올바르게 손을 씻는 방법

올바르게 손을 씻는 방법

1
손바닥을 마주 대고 문
질러요.

2
손등과 손바닥을 대고
문질러요.

3
손깍지를 끼고 손가락
사이를 닦아요.

4
두 손을 모아 손가락을
마주 잡고 비벼요.

5
엄지손가락을 돌려 주며
닦아요.

6
손톱 밑을 손바닥에 문
지르며 ㉠마무리해요.

- 손을 적신 후 비누를 묻혀 순서에 맞게 구석구석 꼼꼼하게 30초 이상 닦아요.
- 손을 깨끗이 씻으면 감염병을 *예방할 수 있고, 설사병에 잘 걸리지 않게 돼요.

이런 뜻이에요

- **예방할** 병이나 사고 등이 생기지 않도록 미리 막을.

1 이 광고를 만든 목적은 무엇인가요? (   )

① 감염병의 위험성을 알리기 위해서

② 올바른 손 씻기 방법을 알리기 위해서

③ 손 씻기 운동의 결과를 발표하기 위해서

④ 손을 제대로 씻지 않는 사람들이 많다는 사실을 알리기 위해서

2 이 광고의 내용으로 맞으면 ○표, 틀리면 ✕표 하세요.

⑴ 올바른 손 씻기의 단계는 총 7단계예요.   (   )

⑵ 손을 꼼꼼히 잘 씻으면 설사 증상도 줄어요.   (   )

⑶ 손을 씻을 때는 30초 동안 손을 비벼서 씻는 게 좋아요. (   )

3 이 광고를 보고 대화를 나누었어요. 알맞지 <u>않은</u> 말을 한 어린이는 누구인가요?

(   )

① 손톱 밑은 어차피 닦을 필요가 없구나.

② 손을 닦을 때는 손등까지 싹싹 잘 닦아야 하는구나.

③ 손가락 사이도 닦아야 하는구나.

4 ㉠과 뜻이 반대되는 말은 무엇인가요? (   )

① 끝맺다

② 종료하다

③ 완료하다

④ 시작하다

오늘의 낱말

다음 낱말을 소리 내어 읽어 보고 뜻을 살펴보세요.

가정
한 가족으로 이루어진 공동체나 그들이 생활하는 집.

개인
어떤 단체나 조직을 이루는 한 사람 한 사람.

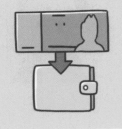

소득
일정 기간 동안에 정해진 일을 하고 그 대가로 받는 수입.

지출
어떤 목적으로 돈을 씀. 또는 그렇게 쓰는 돈.

굵게 표시된 6개의 낱말 가운데 오늘 배운 4개의 낱말에 ○표 하세요.

저축을 하면 좋은 점이 많아요. 필요하지도 않았던 물건을 갑작스럽게 **구매**하는 것처럼, 계획에 없던 **지출**을 하지 않도록 해 줘요. 저축은 **개인**뿐만 아니라 나라의 경제에도 도움이 돼요. 저축을 하면 은행은 그 돈을 기업에 빌려주고, 기업은 그 돈으로 새로운 **제품**을 만들거나 직원을 뽑아 월급을 주지요. 그렇게 하면 **가정**의 **소득**이 늘어나 경제 활동이 활발해져요.

 미리 쌓는 배경지식

저축

🌿 저축이란 돈이나 재물 등을 아껴 써서 모아 두는 것을 말해요.

🌿 저축을 하면 나중에 돈이 급하게 필요할 때나 큰돈이 필요할 때 쓸 수 있어요.

🌿 저축을 하면 용돈을 잘 관리할 수 있어요.

사 회

돈을 왜 모아야 할까요?

1문단 여러분은 부모님께서 주시는 용돈을 어떻게 사용하고 있나요? 간식이나 장난감을 산 다음에도 용돈이 남았을 때는 어떻게 해야 할까요? 그럴 때는 저축을 하는 것이 좋아요. 저축이란 먼 훗날을 위해 자신이 가진 돈을 모두 쓰지 않고 모아 두는 것을 말해요. 저금통에 돈을 모으거나 은행에 돈을 맡기는 것이 저축이지요. 저축을 하면 미래에 급하게 많은 돈이 필요할 때 사용할 수 있어요. 돈을 차곡차곡 모아 큰돈을 만들면 휴대폰이나 게임기 같은 비싼 물건을 살 때 사용할 수도 있지요. 또한, 평소 저축을 하기 위해 꼭 필요한 물건만을 사면서 돈을 ⟨ ㉠ ⟩ 사용하게 된다는 장점도 있어요.

2문단 저축은 ˙개인에게도 중요하지만 나라의 경제에도 중요해요. 우리가 은행에 돈을 맡기면 은행은 그 돈을 다른 사람이나 다른 회사에 빌려줘요. 기업은 은행에서 빌린 돈으로 공장을 짓거나 새로운 제품을 만드는 데 ˙투자해요. 그리고 직원을 뽑아 월급을 주기도 하지요. 그렇게 하면 ˙일자리가 만들어지고 ˙가정의 ˙소득이 늘어나요. 소득이 늘어나면 사람들의 소비 활동이 늘어나고, 나라 전체의 경제가 튼튼해져요. 나의 저축이 나라의 경제에 보탬이 되는 것이지요.

이런 뜻이에요

- **개인** 어떤 단체나 조직을 이루는 한 사람 한 사람.
- **투자해요** 이익을 얻기 위해 어떤 일이나 사업에 돈을 대거나 시간이나 정성을 쏟아요.
- **일자리** 일터나 직장과 같이 직업으로 삼아 일하는 곳.
- **가정** 한 가족으로 이루어진 공동체나 그들이 생활하는 집.
- **소득** 일정 기간 동안에 정해진 일을 하고 그 대가로 받는 수입.

중심 내용

1 이 글은 무엇에 대한 글인가요?

•

세부 내용

2 ㉠에 들어갈 내용으로 알맞은 것은 무엇인가요? (   )

① 활발하게
② 지나치게
③ 계획적으로
④ 갑작스럽게

세부 내용

3 저축을 했을 때 나타나는 결과로 맞으면 ○표, 틀리면 ×표 하세요.

(1) 일자리가 늘어나요.   (   )
(2) 기업의 투자가 늘어나요.   (   )
(3) 가정의 소득이 줄어들어요.   (   )

내용 추론

4 빈칸에 들어갈 말로 알맞은 것을 보기 에서 찾아 쓰세요.

┌─────── 보기 ───────┐

투자   저축

매일 10분만 _____ 해서 운동을 하며 체력을 길러요.

실생활 문해력

용돈 기입장
용돈을 어디에 썼을까?

노희의 용돈 기입장

이번 주 계획 찬욱이 생일 선물 사기

20○○년 5월 10일 ~ 20○○년 5월 16일

날짜	요일	무엇을?	수입	지출	잔액
5/10	금	매달 10일 받는 용돈	30,000원		30,000원
5/10	금	통장에 저축을 함.		5,000원	25,000원
5/11	토	떡볶이, 순대		6,000원	19,000원
5/13	월	공룡 화석 발굴 세트		3,000원	16,000원
5/13	월	색종이		2,000원	14,000원
5/16	목	햄버거		5,000원	9,000원
5/16	목	친구 생일 선물 구매		5,000원	4,000원

이런 뜻이에요

- **수입** 어떤 일을 하여 돈이나 물건 등을 거두어들임. 또는 그 돈이나 물건.
- **지출** 어떤 목적으로 돈을 씀. 또는 그렇게 쓰는 돈.
- **잔액** 남은 돈의 액수.
- **구매** 상품을 삼.

1 이 용돈 기입장에서 알 수 <u>없는</u> 것은 무엇인가요? (   )

① 돈을 쓴 장소

② 남은 돈의 액수

③ 용돈 기입장을 적은 기간

④ 용돈 기입장을 적은 사람의 이름

2 다음은 소희가 5월에 쓴 일기예요. 용돈 기입장을 보고, 소희에게 있었던 일의 순서를 차례대로 골라 빈칸에 기호를 써 보세요.

> (가) 이번 달에도 부모님께 용돈을 3만 원 받았다.
> (나) 집 앞 마트에서 공룡 화석 발굴 세트를 구매했다.
> (다) 민지와 놀다가 분식집에서 떡볶이와 순대를 사 먹었다.
> (라) 찬욱이 생일 선물로 학교 앞 문구점에서 팽이를 구매했다.

• ((가)   ) → (   ) → (   ) → (   )

3 (   )에 들어갈 알맞은 숫자를 각각 쓰세요.

⑴ 소희는 매달 (   )일에 용돈을 받아요.

⑵ 소희는 5월에 용돈을 받고 (   )원을 저축했어요.

4 빈칸에 들어갈 말로 알맞은 것을 보기 에서 찾아 쓰세요.

> 보기
> 수입   지출   잔액

> 용돈 기입장을 쓰면 이번 달에 얼마의 용돈을 받았고, 어떤 곳에 얼마의 돈을 사용했는지, 그리고 현재 얼마의 _____이 남아 있는지를 쉽게 알 수 있어요.

5일

오늘의 낱말

다음 낱말을 소리 내어 읽어 보고 뜻을 살펴보세요.

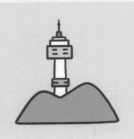

명소

아름다운 경치나 유적, 특산물 등으로 유명한 장소.

생명체

생명이 있는 물체.

해돋이

해가 막 솟아오르는 때. 또는 그런 현상.

제공하다

무엇을 내주거나 가져다줌.

오늘의 퀴즈

빈칸에 들어갈 알맞은 말을 보기 에서 골라 쓰세요.

보기

| 명소 | 생명체 | 해돋이 | 제공 |

1 관광 ☐☐ 에는 늘 사람들이 많아요.

2 사람들은 새해가 되면 ☐☐☐ 를 보러 가요.

3 태양이 빛 에너지를 ☐☐ 해서 식물이 광합성을 해요.

4 지구에는 ☐☐☐ 가 살아가는 데 필요한 물이 있어요.

미리 쌓는 배경지식

태양과 지구

🍃 태양은 지구보다 약 109배가 커요.

🍃 지구는 태양의 둘레를 1년 동안 돌며, 그 거리는 약 1억 4,960만km예요.

🍃 태양은 지구의 생명체가 살아가는 데 아주 중요한 역할을 해요.

교과서 문해력

과학 우리에게 없어서는 안 될 태양

1문단 우리는 해가 뜨면 일어나고 해가 지면 잠에 들어요. 하늘에 떠 있는 '해'를 부르는 또 다른 말은 바로 '태양'이에요. 태양은 우리가 사는 지구보다 100배 이상 커요. 하지만 지구에서 아주 멀리 떨어져 있기 때문에 하늘에 뜬 태양이 작게 보이는 것일 뿐이지요. 태양은 우리가 살아가는데 아주 중요한 역할을 해요. 태양은 지구의 *생명체가 살 수 있도록 공기와 땅, 바다, 강을 따뜻하게 하고, 식물과 동물이 살아가는 데 필요한 *에너지를 *제공해요. 사람과 동물은 햇빛이 있어 체온을 유지할 수 있고, 식물은 햇빛을 받아 *광합성을 하여 에너지를 만들어 낼 수 있지요.

2문단 만약 태양이 하루아침에 사라진다면 어떻게 될까요? 낮과 밤, 계절이 없어질 거예요. 지구는 하루에 한 바퀴를 스스로 뱅뱅 돌고 있어요. 지구가 한 바퀴를 도는 하루 동안 들어오는 햇빛의 양에 따라 낮과 밤이 나뉘어요. 또, 1년 동안 지구는 태양 주변을 한 바퀴 돌기 때문에 계절의 변화가 생겨나지요. 이러한 태양이 사라지면 지구는 더 이상 햇빛을 받지 못해 낮과 밤의 구분과 계절의 변화가 사라지고 말아요. 또한, 태양이 사라진다면 지구는 ㉠으슬으슬 추워져서 모든 것이 얼어붙고, 생명체는 살아남지 못하게 될 거예요. 이렇듯 태양은 지구의 모든 생명체에게 꼭 필요한 존재랍니다.

이런 뜻이에요

● **생명체** 생명이 있는 물체.
● **에너지** 어떠한 것이 가지고 있는, 일을 할 수 있는 힘.
● **제공해요** 무엇을 내주거나 가져다줘요.
● **광합성** 녹색 식물이 태양 에너지를 이용하여 이산화 탄소와 수분으로 유기물을 만들어 내는 과정.

1 각 문단과 중심 내용이 올바른 짝이 되도록 선으로 이어 보세요.

1문단 •

2문단 •

• 태양이 사라지면 낮과 밤, 계절이 사라지고 생명체가 살아남을 수 없게 돼요.

• 태양은 우리가 살아가는 데 아주 중요한 역할을 해요.

2 태양과 지구에 대한 설명으로 알맞지 <u>않은</u> 것은 무엇인가요? (   )

① 태양은 지구보다 100배 이상 커요.

② 지구는 하루 동안 태양 주변을 한 바퀴 돌아요.

③ 태양이 사라지면 지구의 생명체는 살아남을 수 없어요.

④ 지구에 사는 식물은 햇빛을 받아 에너지를 만들어 내요.

3 이 글을 <u>잘못</u> 이해한 어린이는 누구인가요? (   )

① 태양이 지금보다 더 멀리 떨어져 있으면 지구는 더 추워지겠구나.

② 지구가 없으면 태양은 사라질 거야.

③ 태양이 사라지면 식물을 먹이로 하는 동물들은 금방 죽게 될 거야.

4 ㉠의 뜻으로 알맞은 것은 무엇인가요? (   )

① 매우 따뜻하고 더운 모양.

② 피부에 닿는 느낌이 매우 부드러운 모양.

③ 열을 받아서 갑자기 자꾸 뜨거워지는 모양.

④ 소름이 끼칠 만큼 매우 차가운 느낌이 계속 드는 모양.

그림 일기

새해 첫날에는 해돋이를 봐요

2025년 1월 1일 **수요일** 날씨

　　오늘은 2025년의 첫날이다. 부모님께서 새해에는 *해돋이를 봐야 한다고 새벽부터 나와 동생을 깨우셨다. 졸린 눈을 비비며 집을 나선 우리 가족은 차를 타고 한참을 달려 정동진에 도착했다. 동해 바닷가에 위치한 정동진은 해돋이 *명소라고 한다. 그래서인지 해돋이를 보러 온 사람이 무척 많았다. 추운 바닷바람을 맞으며 기다리기도 잠시, 하늘이 밝아지면서 곧 붉은 해가 두둥실 떠올랐다. 부모님께서는 우리들에게 어서 소원을 빌라고 말씀하셨다. 나는 눈을 꾹 감고 올해는 작년보다 축구를 잘하게 되기를 바란다는 소원을 빌었다. 올해 초등학교에 입학하는 동생은 친구를 많이 사귀고 싶다는 소원을 빌었다고 했다. 부모님은 우리 가족 모두가 건강하기를 바란다는 소원을 빌었다고 하셨다. 떠오르는 해를 보니 2025년이 기대되었다. 내년 1월 1일에도 정동진에 또 가고 싶다.

이런 뜻이에요

- **해돋이** 해가 막 솟아오르는 때. 또는 그런 현상.
- **명소** 아름다운 경치나 유적, 특산물 등으로 유명한 장소.

1 이와 같은 글을 쓰는 목적은 무엇인가요? (   )

① 다른 사람을 설득하기 위해서

② 여행지에 대한 정보를 전달하기 위해서

③ 하루 동안 있었던 일을 정리하기 위해서

④ 멀리 떨어져 있는 상대방에게 안부를 전하기 위해서

2 '나'와 가족이 해돋이를 보러 간 곳에 ○표 하세요.

| 태백산 | 정동진 | 호미곶 |

3 이 글의 내용으로 맞으면 ○표, 틀리면 ×표 하세요.

(1) 오늘은 2025년 1월 1일이에요.   (   )

(2) '나'는 올해 초등학교에 입학해요.   (   )

(3) '나'는 가족의 건강을 소원으로 빌었어요.   (   )

4 (   )에 공통으로 들어갈 말로 알맞은 것을 이 글에서 찾아 쓰세요.

• 공원이 완성되자 시민들에게 새로운 (   )(으)로 소개되었어요.

• 강릉에는 경포대, 경포 호수, 경포 해수욕장 등 (   )이/가 많아요.

4주

교과서 문해력과 실생활 문해력을
한번에 키워 보세요.

일자	오늘의 낱말	오늘의 읽을거리	스스로 평가
1일	• 시야 • 원주민 • 고유하다 • 소통하다	**교과서** 왜 나라마다 인사법이 다를까요? **실생활** 나라마다 다른 인사법	☺ ☺ ☹
2일	• 단체 • 업적 • 학회 • 연구하다	**교과서** 우리말과 글을 지킨 사람들 **실생활** 한글 가온길에 갔어요	☺ ☺ ☹
3일	• 떠다니다 • 성스럽다 • 완전하다 • 추측하다	**교과서** 무지개의 색깔은 몇 개일까? **실생활** 나라마다 다른 무지개의 색깔	☺ ☺ ☹
4일	• 부담 • 부상 • 시선 • 피로	**교과서** 바르게 달리자 **실생활** 단풍나무 아래를 달려요	☺ ☺ ☹
5일	• 먹거리 • 배달 • 야식 • 일행	**교과서** 욕심쟁이 병사 **실생활** 배달은 언제부터 시작되었을까?	☺ ☺ ☹

오늘의 낱말

다음 낱말을 소리 내어 읽어 보고 뜻을 살펴보세요.

시야
사물이나 현상을 이해할 수 있는 생각의 범위.

원주민
어떤 지역에 원래부터 살고 있는 사람들.

고유하다
한 사물이나 집단 등이 본래부터 지니고 있는 것으로 다른 것과 다름.

소통하다
오해가 없도록 뜻이나 생각을 서로 잘 통함.

다음 낱말과 뜻이 올바른 짝이 되도록 선으로 이어 보세요.

| 시야 | · | · | 오해가 없도록 뜻이나 생각을 서로 잘 통함. |

| 원주민 | · | · | 사물이나 현상을 이해할 수 있는 생각의 범위. |

| 고유하다 | · | · | 한 사물이나 집단 등이 본래부터 지니고 있는 것으로 다른 것과 다름. |

| 소통하다 | · | · | 어떤 지역에 원래부터 살고 있는 사람들. |

미리 쌓는 배경지식

문화

- 문화란 국가나 사회 집단이 다 같이 가지고 있는 믿음이나 언어, 예술 등의 요소가 모두 합해진 것이에요.
- 문화를 잘 이해하는 것은 다양한 문화적 배경에서 자란 사람들을 더 잘 이해하고 소통하는 데 도움이 돼요.

왜 나라마다 인사법이 다를까요?

1문단 우리나라에서는 처음 보는 사람을 만나거나 *웃어른을 만나면 허리를 숙여 인사해요. 더 정중하게 인사할 때는 두 손을 배꼽 아래에 모아 허리를 숙여 인사해요. 반가운 친구들을 만났을 때는 가볍게 손을 흔들어 인사하지요.

2문단 전 세계의 모든 나라들이 우리나라와 같은 방법으로 인사할까요? 그렇지 않아요. 각 나라들은 *고유한 인사법을 가지고 있어요. 손을 흔들기도 하고, 절을 하기도 하고, 어깨를 부딪히기도 하는 등 세계에는 다양한 인사법이 있지요. 미국에서는 손을 잡고 가볍게 흔드는 악수로 인사를 해요. 친한 친구나 가족 사이에는 포옹을 하고 어깨를 두드리기도 하지요. 인도와 네팔에서는 두 손을 펴서 가슴 앞에서 맞대고 고개를 숙여 인사해요. 말레이시아에서는 오른손을 가슴 중앙에 대고 미소를 지어 인사해요. 중국에서는 두 손을 가슴 앞에 모으고, 한 손으로 주먹을 쥐고 다른 손으로 주먹을 감싸며 인사해요.

3문단 이렇게 나라별로 인사법이 다른 것은 나라마다 역사와 문화가 다르기 때문이에요. 따라서 그 나라의 인사법을 알면 세계의 다양한 사람들을 이해하고 *소통하는 데 도움이 되지요. 또, 세상을 바라보는 *시야도 넓어진답니다.

이런 뜻이에요

- **웃어른** 나이나 지위, 신분 등이 자기보다 높아서 모셔야 하는 윗사람.
- **고유한** 한 사물이나 집단 등이 본래부터 지니고 있는 것으로 다른 것과 다른.
- **소통하는** 오해가 없도록 뜻이나 생각을 서로 잘 통하는.
- **시야** 사물이나 현상을 이해할 수 있는 생각의 범위.

1 이 글은 무엇에 대한 글인가요? (   )

① 식사 예절

② 우리나라의 전통문화

③ 인터넷 공간에서의 인사법

④ 세계 여러 나라의 다양한 인사법

2 이 글의 내용으로 알맞지 <u>않은</u> 것은 무엇인가요? (   )

① 미국에서는 인사할 때 악수를 해요.

② 한국에서는 웃어른을 만나면 허리를 숙여 인사해요.

③ 말레이시아에서는 왼손을 가슴 중앙에 대고 미소를 지어 인사해요.

④ 중국에서는 가슴 앞에서 주먹을 쥐고 다른 손으로 감싸며 인사해요.

3 이 글을 읽고 알맞은 반응을 보인 어린이는 누구인가요? (   )

① 현수: 그 나라의 인사법을 모르면 대화를 할 수 없겠네.

② 민욱: 우리나라의 인사법이 가장 예의 바른 인사법이야.

③ 연경: 우리나라에서는 친한 친구와 웃어른에게 하는 인사법이 다르구나.

④ 소진: 나라마다 인사법이 다양한 이유는 각 나라의 언어가 다르기 때문이야.

4 이 글을 요약했어요. ㉠에 들어갈 말로 알맞은 것은 무엇인가요? (   )

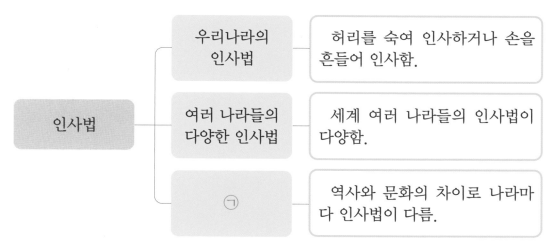

① 나라마다 역사가 비슷한 이유

② 나라마다 인사법이 다른 이유

③ 여러 나라들의 역사와 문화

④ 사람들이 만나면 인사를 하는 이유

카드 뉴스

나라마다 다른 인사법

01 프랑스

프랑스는 인사를 할 때 서로를 안고 뺨을 번갈아 대며 뽀뽀하듯 소리를 내요. 이것을 '비쥬'라고 해요.

02 미얀마

동남아시아에 위치한 미얀마는 팔짱을 끼고 고개를 숙여 인사해요.

03 티베트족

중앙아시아의 ●고지대에 사는 티베트족은 두 손을 모으고 고개를 숙이거나 혀를 조금 내밀어 인사해요.

04 마사이족

아프리카 탄자니아의 마사이족은 일상적인 대화나 인사를 할 때 침을 뱉어요.

05 태국

태국은 인사를 할 때 두 손을 머리나 가슴 앞에 모으고 고개를 숙여요. 이것을 '와이'라고 해요.

06 마오리족

뉴질랜드의 ●원주민인 마오리족은 서로 코를 비벼 인사해요.

이런 뜻이에요

- **고지대** 높은 구역이나 지역.
- **원주민** 어떤 지역에 원래부터 살고 있는 사람들.

1 이 카드 뉴스에 제목을 붙인다면 가장 알맞은 것은 무엇인가요? (   )

① 로마에서는 로마의 법을 따르자
② 다른 나라 사람들은 어떻게 대화할까
③ 세계 여행을 할 때 이런 것을 주의해요
④ 세계 여러 나라의 인사법을 알아보아요

2 지역과 부족이 올바른 짝이 되도록 선으로 이어 보세요.

중앙아시아 ·   · 티베트족

탄자니아 ·   · 마사이족

뉴질랜드 ·   · 마오리족

3 이 카드 뉴스의 내용으로 맞으면 ○표, 틀리면 ×표 하세요.

(1) 티베트족은 침을 뱉어 인사해요.   (   )
(2) 마사이족은 서로의 코를 비벼 인사해요.   (   )
(3) 프랑스에서 하는 인사법을 '비쥬'라고 해요.   (   )

4 선생님의 설명을 읽고 알맞게 말한 어린이는 누구인가요? (   )

선생님: '고–'는 '높은' 또는 '훌륭한'이라는 뜻을 더하는 말이에요.

① '고속도'는 '속도가 낮다'는 뜻이야.

② '고민'은 '생각이 많다'는 뜻이야.

③ '지대'는 지역을 뜻하니까, '고지대'는 '높은 지역'이라는 뜻이야.

2일

오늘의 낱말

다음 단어를 소리 내어 읽어 보고 뜻을 살펴보세요.

단체

같은 목적을 이루기 위해 모인 사람들의 조직.

업적

사업이나 연구 등에서 노력과 수고를 들여 이룩해 놓은 결과.

학회

학문을 깊이 있게 연구하고 더욱 발전하도록 하기 위해 공부하는 사람들이 만든 모임.

연구하다

어떤 사물이나 일에 관련된 사실을 밝히기 위해 그에 대해 자세히 조사하고 분석함.

다음 낱말 퍼즐에서 오늘 배운 4개의 낱말에 ○표 하세요.

단	거	리	코	더
체	육	듬	직	대
연	구	하	다	학
직	원	습	작	회
업	적	생	물	체

미리 쌓는 배경지식

한글

- 한글은 세종 대왕이 백성들을 위해 만든 문자예요.
- 한글을 한글이라고 처음 부르기 시작한 사람은 주시경이에요.
- 일제 강점기 때 일본이 우리 문화를 없애려 하자, 사람들이 우리말과 글을 지키기 위해 조선어 학회를 세웠어요.

교과서 문해력

우리말과 글을 지킨 사람들

1문단 지금은 당연하게 쓰고 있는 우리말과 글이 과거에 사라질 뻔했었다는 사실을 알고 있나요? 일본이 우리나라를 강제로 *점령했던 일제 강점기 때의 일이에요. 일제 강점기 때 일본은 우리나라의 *민족정신과 문화를 없애려고 여러 가지 *정책을 ㉠펼쳤어요. 그중 하나가 바로 우리말과 글을 못 쓰게 하는 것이었지요.

2문단 우리나라에는 한글을 *연구하는 조선어 연구회가 있었어요. 일본이 우리말을 없애려 하자, 조선어 연구회는 조선어 *학회로 이름을 바꾸었어요. 그리고 《한글》이라는 잡지를 펴내고, 한글 맞춤법 통일안을 정했지요.

3문단 또한 조선어 학회는 《우리말 큰사전》을 펴내려고 했지만 일본의 방해로 실패했어요. 그리고 일본은 조선어 학회가 공부를 위해 모인 *단체가 아니라, 독립운동을 위해 모인 단체라고 주장했지요. 일본은 조선어 학회의 회원 30여 명을 감옥에 가두었어요. 그 과정에서 많은 학회 사람들이 목숨을 잃었고 조선어 학회는 없어지고 말았어요. 이를 '조선어 학회 사건'이라고 불러요. 그리고 광복 후에는 지금의 한글 학회가 만들어졌어요. 이렇게 우리말과 글은 여러 사람들의 희생과 노력으로 지켜졌답니다.

이런 뜻이에요

- **점령했던** 무력으로 어떤 장소나 공간을 빼앗아 차지했던.
- **민족정신** 한 민족이 공유하는 고유한 정신.
- **정책** 정치적인 목적을 이루기 위한 방법.
- **연구하는** 어떤 사물이나 일에 관련된 사실을 밝히기 위해 그에 대해 자세히 조사하고 분석하는.
- **학회** 학문을 깊이 있게 연구하고 더욱 발전하도록 하기 위해 공부하는 사람들이 만든 모임.
- **단체** 같은 목적을 이루기 위해 모인 사람들의 조직.

1 이 글은 무엇에 대한 글인가요? (   )

① 조선어 학회가 펴낸 책

② 조선어 학회를 만든 사람들

③ 한국어가 탄생하게 된 배경

④ 우리말과 글을 지키려 한 조선어 학회

4주
2일

2 조선어 학회의 활동으로 맞으면 ○표, 틀리면 ×표 하세요.

(1) 잡지 《한글》을 펴냈어요.   (   )

(2) 《우리말 큰사전》을 펴냈어요.   (   )

(3) 한글 맞춤법 통일안을 정했어요.   (   )

3 이 글을 읽고 난 후의 반응으로 적절한 것은 무엇인가요? (   )

① 조선어 학회는 세종 대왕이 만들었구나.

② 일본은 조선어 학회가 공부를 위해 모인 단체라고 생각했구나.

③ 조선어 학회 사건 이후 우리나라에는 한글을 연구하는 단체가 없었구나.

④ 조선어 연구회, 조선어 학회, 한글 학회는 모두 우리말과 글을 연구하는 곳이었구나.

4 ㉠에서 쓰인 뜻과 비슷한 뜻으로 쓰인 문장에 ○표 하세요.

(1) 그림에는 멋진 자연 풍경이 펼쳐져 있었어요.   (   )

(2) 선생님은 수업을 시작하기 전에 책을 펼쳤어요.   (   )

(3) 수진이네 언니는 학교에서 환경 보호 운동을 펼쳤어요.   (   )

한글 가온길에 갔어요

블로그

내 블로그 | 이웃 블로그 | 블로그 홈 ▼

한글 따라 역사 따라

역사탐방대장

우리나라 한글과 역사를 탐방하는 블로그 '역사탐방대장' 입니다.

+ 이웃 추가

목록 ▼

📄 한글 탐방 일기
📄 역사 탐방 일기

　　오늘은 부모님과 서울시 종로구에 있는 한글 가온길을 걸었어요. '가온'은 '한글'의 순우리말이라고 해요.
　　한글 가온길은 한글을 만든 세종 대왕의 *업적을 기리고, 한글의 역사와 가치를 *되새길 수 있도록 만든 거리라고 해요. 한글 가온길에서는 우리말을 한글이라고 처음 부르기 시작한 주시경의 집터도 살펴볼 수 있었어요. 주시경은 한글을 연구하고 널리 알리기 위해 *힘쓴 독립 운동가예요. 부모님과 한글 가온길을 걸으며 한글에 대해 다시 한번 생각해 볼 수 있었어요. 그리고 보니 한글 가온길에는 지난 수업 시간에 배웠던 한글 학회가 있는 곳이라고 해요.
한글을 사랑하는 마음이 모두 모여 있는 한글 가온길, 다음에도 또 가보고 싶어요.

이런 뜻이에요

- **업적** 사업이나 연구 등에서 노력과 수고를 들여 이룩해 놓은 결과.
- **되새길** 지난 일을 다시 떠올려 곰곰이 생각할.
- **힘쓴** 어떤 일에 힘을 들여 도움이 되게 한.

1 이 블로그 게시 글은 무엇에 대한 글인가요?

• ⬜⬜ 가온길

2 이 블로그 게시 글에서 알 수 <u>없는</u> 것은 무엇인가요? (   )

① '가온'의 뜻

② 주시경이 한 일

③ 세종 대왕이 한 일

④ 한글 가온길에 가는 법

3 한글 가온길에서 볼 수 있는 것에 모두 ○표 하세요.

| 한글 학회 | 세종 대왕릉 | 주시경의 집터 |

4 이 블로그 게시 글에 달릴 수 있는 댓글로 알맞지 <u>않은</u> 것은 무엇인가요? (   )

① 한글날에 가면 더욱 특별한 시간이 될 것 같군요.

② 한글의 소중함을 다시 한번 깨닫는 시간이었겠네요.

③ 주시경은 한글을 연구한 학자이자 독립 운동가였군요.

④ 세종 대왕이 훈민정음을 한글이라는 이름으로 바꿨나 보네요.

3일

오늘의 낱말

다음 낱말을 소리 내어 읽어 보고 뜻을 살펴보세요.

떠다니다

공중이나 물 위에 떠서 이리저리 움직임.

성스럽다

함부로 가까이할 수 없을 만큼 순결하고 위대함.

완전하다

부족한 점이 없이 모든 것이 다 갖추어져 있음.

추측하다

어떤 사실이나 보이는 것을 통해서 다른 무엇을 미루어 짐작함.

오늘의 퀴즈

다음 낱말과 뜻이 올바른 짝이 되도록 선으로 이어 보세요.

성스럽다	함부로 가까이할 수 없을 만큼 순결하고 위대함.
떠다니다	부족한 점이 없이 모든 것이 다 갖추어져 있음.
완전하다	공중이나 물 위에 떠서 이리저리 움직임.
추측하다	어떤 사실이나 보이는 것을 통해서 다른 무엇을 미루어 짐작함.

미리 쌓는 배경지식

무지개

- 햇빛은 우리 눈으로 볼 때에는 색깔이 없어 보이지만, 사실은 여러 가지 빛깔이 섞여 있어요.
- 그래서 공기 중의 작은 물방울이 햇빛을 받게 되면 여러 가지 색깔로 빛이 보이게 되는데, 이것이 바로 무지개예요.

과 학

무지개의 색깔은 몇 개일까?

1문단 무지개는 햇빛이 공기 중에 *떠다니는 물방울을 만나 나타나는 현상이에요. 햇빛이 공기 중의 물방울에 부딪힐 때 여러 색깔로 나누어지는 것이지요.

2문단 우리는 보통 무지개의 색깔을 말할 때 빨강, 주황, 노랑, 초록, 파랑, 남색, 보라의 앞 글자를 따서 '빨주노초파남보'라고 말하고는 해요. 그런데 사실 무지개의 색깔은 이 일곱 가지 색깔보다 훨씬 더 다양해요. 무지개는 무려 200여 개의 색깔로 나눌 수 있다고 하지요.

3문단 무지개의 색깔을 지금처럼 일곱 가지로 구분한 사람은 영국의 뉴턴이라는 과학자예요. 뉴턴은 창문을 통해 들어오는 빛을 *프리즘에 닿게 했을 때, 그 빛이 여러 가지 색깔로 나뉜다는 것을 알아냈어요. 그 후 뉴턴은 무지개의 색깔을 일곱 가지로 정했지요.

4문단 그런데 왜 하필 일곱 가지 색깔이었을까요? 뉴턴이 살던 시대에 숫자 '7'은 성경에서 *완전하고 *성스러운 숫자를 의미했어요. 서양 사람들은 '7'이 행운을 가져다주는 숫자라고 믿었기 때문에, 뉴턴도 일곱 가지 색깔로 무지개를 구별했던 것이 아닐까 하고 *추측하고 있어요. ㉠뉴턴이 서양에 살지 않았다면 지금 우리는 무지개의 색깔을 '빨주노초파남보'가 아닌 다른 색깔로 알고 있었을지도 몰라요.

이런 뜻이에요

- **떠다니는** 공중이나 물 위에 떠서 이리저리 움직이는.
- **프리즘** 빛을 굴절시키거나 분산시킬 때 쓰는, 유리 또는 수정 등으로 만든 세모 기둥 모양의 기구.
- **완전하고** 부족한 점이 없이 모든 것이 다 갖추어져 있고.
- **성스러운** 함부로 가까이할 수 없을 만큼 순결하고 위대한.
- **추측하고** 어떤 사실이나 보이는 것을 통해서 다른 무엇을 미루어 짐작하고.

1 이 글은 무엇에 대한 글인가요?

· ☐☐☐☐의 색깔

2 이 글을 읽고 대답할 수 <u>없는</u> 질문은 무엇인가요? (   )

① 무지개가 생기는 이유는 무엇인가요?
② 우리는 보통 무지개를 몇 가지 색깔로 구분하고 있나요?
③ 빨간색의 빛의 속도는 얼마나 빠르게 물방울을 통과하나요?
④ 빛이 여러 가지 색깔로 이루어져 있다는 사실을 알아낸 사람은 누구인가요?

3 다음 자료를 보고, 무지개가 만들어질 때 '프리즘'과 같은 역할을 하는 것에 ○표 하세요.

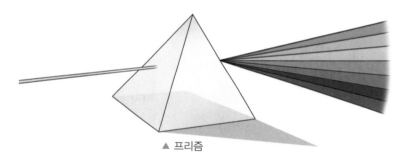

▲ 프리즘

> 선생님: 흰색 빛이 프리즘을 통과하면 무지개처럼 빛이 여러 가지 색깔로 나누어져요.

| 태양 | 행운 | 물방울 |

4 ㉠의 뜻을 알맞게 짐작한 친구는 누구인가요? (   )

> 경민: 지역에 따라 하늘에 나타나는 무지개의 색이 서로 다르다는 것을 말하는 거야.
> 지현: 문화의 영향을 받아 뉴턴이 무지개의 색깔을 일곱 가지로 정했다는 것을 말하는 거야.

동영상

나라마다 다른 무지개의 색깔

1 문화나 시대에 따라 무지개의 색깔을 다르게 보았다는 사실을 알고 있나요?

2 다른 나라들은 무지개의 색깔을 어떻게 보았을까요?

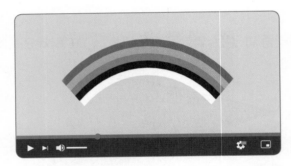

3 먼 옛날 우리나라에서는 지금과 달리 무지개를 다섯 가지 색깔로 보았고, 이는 중국과 일본 등 주변의 동양 나라들도 마찬가지였어요.

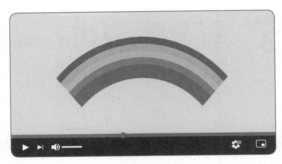

4 미국에서는 무지개의 색깔을 남색을 뺀 여섯 가지 색깔로 보았어요.

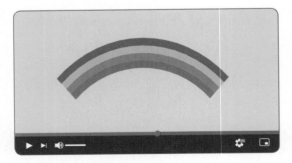

5 이란 등 이슬람 종교를 믿는 국가에서는 무지개 색깔을 네 가지로 보았어요.

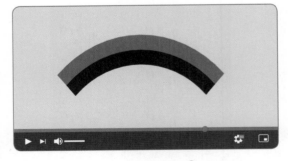

6 아프리카의 일부 나라나 *부족에서는 무지개를 빨간색과 검정색 두 가지 색깔 또는 세 가지 색깔로만 구별한다고 해요.

이런 뜻이에요

• **부족** 같은 조상, 언어, 종교 등을 가지고 한 사회를 이루는 지역적 생활 공동체.

1 이 동영상의 제목으로 알맞은 것은 무엇인가요? (   )

① 무지개가 뜨는 이유

② 무지개 너머에 있는 비밀

③ 무지개의 색깔이 똑같은 이유

④ 나라마다 다른 무지개의 색깔

2 (   )에 들어갈 알맞은 숫자를 보기 에서 골라 써 보세요.

보기

3   4   5   6

테일러: 미국에서는 무지개 색깔을 (   )개로 생각해.

하산: 이란과는 생각이 다르네.

3 이 동영상을 보고 난 후의 생각으로 알맞지 <u>않은</u> 것은 무엇인가요? (   )

① 지역에 따라 무지개 색깔의 개수를 다르게 보기도 하네.

② 옛날의 우리나라와 중국은 무지개의 색깔을 다르게 보았구나.

③ 아프리카는 이란에 비해 무지개의 색깔을 적게 구별하는구나.

④ 우리나라는 옛날과 지금 무지개의 색깔 개수를 다르게 보는구나.

4 다음 빈칸에 들어갈 알맞은 단어를 이 글에서 찾아 쓰세요.

유럽, 아메리카 대륙의 나라들은 서양에 속하고, 우리나라, 중국, 일본, 인도 등의 나라들은 [   ][   ]에 속해요.

4주

4일

오늘의 낱말

다음 낱말을 소리 내어 읽어 보고 뜻을 살펴보세요.

부담

몸이 정상적으로 기능하는 데 장애가 되는 것.

부상

몸에 상처를 입음.

시선

어떤 방향으로 바라보고 있는 눈.

피로

몸이나 정신이 지쳐서 힘듦. 또는 그런 상태.

다음 낱말 퍼즐에서 오늘 배운 4개의 낱말에 ◯표 하세요.

부	담	벼	락	마
준	비	슬	기	차
시	선	아	저	씨
루	물	치	과	피
떡	부	상	자	로

미리 쌓는 배경지식

마라톤

- 마라톤이란 한 번에 42.195km라는 긴 거리를 달리는 경기를 말해요.
- 최근에는 10km, 20km 등 비교적 짧은 거리를 달리는 마라톤 대회도 많이 열리고 있어요.
- 마라톤에는 인간 체력의 한계에 도전한다는 정신이 담겨 있어요.

체육

바르게 달리자

1문단 우리는 때때로 달리기를 합니다. 체육 시간에 운동장을 달리기도 하고 친구들과 잡기 놀이를 할 때 달리기도 합니다. 그런데 달리기를 할 때 바른 자세로 달려야 한다는 사실을 알고 있나요?

2문단 바른 자세로 달리기를 해야 하는 이유는 무엇일까요? 바로 °부상을 줄일 수 있기 때문입니다. 잘못된 자세로 달리면 몸의 균형이 맞지 않은 상태로 달리게 됩니다. 그러면 발목, 허리, 무릎 등에 °부담을 주게 되므로 부상을 당할 위험이 커집니다. 또한 바르지 않은 자세로 달리면 쉽게 °피로를 느끼게 되고 그만큼 쉽게 지칠 수 있습니다. 결과적으로 달리기 속도까지 느려질 수 있습니다. 따라서 바른 자세로 달리는 것이 중요합니다.

3문단 그렇다면 어떻게 달리는 것이 바른 자세일까요? 우선 °시선은 서너 걸음 앞의 땅을 바라보도록 해야 합니다. 가슴을 자연스럽게 편 상태에서 턱을 가볍게 당기고 허리는 폅니다. 달릴 때는 양 무릎이 서로 닿지 않도록 자연스럽게 다리를 흔들어 줘야 합니다. 그리고 발바닥이 땅에 자연스럽게 닿게 하면서 땅을 힘차게 차는 자세가 좋습니다.

4문단 이제부터 바른 자세로 달리도록 합시다. 그러면 안전하고 빠르게 달릴 수 있습니다.

이런 뜻이에요

- **부상** 몸에 상처를 입음.
- **부담** 몸이 정상적으로 기능하는 데 장애가 되는 것.
- **피로** 몸이나 정신이 지쳐서 힘듦. 또는 그런 상태.
- **시선** 어떤 방향으로 바라보고 있는 눈.

1 이 글은 무엇에 대해 쓴 글인가요?

• 바른 | | | | 자세

 2 이 글에 나타난 사실로 알맞지 <u>않은</u> 것은 무엇인가요? (   )

① 바르지 않은 자세는 바른 자세보다 다칠 위험이 많다.

② 바르지 않은 자세는 몸의 균형이 맞지 않게 달리는 것이다.

③ 바르지 않은 자세는 바른 자세보다 달리기 속도가 느릴 수 있다.

④ 바르지 않은 자세보다 바른 자세로 달리는 것이 더 쉽게 피로해진다.

3 바르게 달리는 자세로 맞으면 ○표, 틀리면 ×표 하세요.

(1) 양 무릎을 스치며 달린다.   (   )

(2) 턱을 들고 시선은 하늘 위를 향한다.   (   )

(3) 발바닥이 자연스럽게 땅에 닿게 한다.   (   )

4 이 글을 읽은 후 느낀 점을 알맞게 이야기한 어린이는 누구인가요? (   )

> 나은: 나도 글쓴이처럼 주장하고 싶은 내용에 대해 그 까닭과 구체적인 방법
> 을 자세히 써야겠어.
> 민우: 나도 글쓴이처럼 주장하는 내용에 대해 강한 말투로 나의 주장을 들어
> 달라고 강요해야겠어.

광고
단풍나무 아래를 달려요

제10회
단풍 마라톤 대회

끝없이 펼쳐진 단풍나무 아래를 달리는
마라톤 대회에 여러분을 초대합니다.
성별과 나이에 관계없이 건강한 사람이라면 누구나 참여할 수 있습니다.

행사 안내

날짜 10월 19일(토) 오전 9시
장소 인주시 종합운동장

신청 방법

10월 10일(일)까지 전화 또는 인터넷 홈페이지를 통해 참가를 신청할 수 있습니다.
(당일 행사장에서는 참가 신청을 받지 않습니다.)

참가 부문

5km 마라톤	10km 마라톤	20km 마라톤
어린이도 함께 달릴 수 있는 가족 마라톤 **제한 시간** 1시간 **참가비** 10,000원 **참가 선물** 기념품	초보자도 쉽게 달릴 수 있는 개인 마라톤 **제한 시간** 2시간 **참가비** 25,000원 **참가 선물** 기념품, 달리기 기록 증명서	마라톤을 꾸준히 한 사람에게 추천하는 개인 마라톤 **제한 시간** 3시간 **참가비** 30,000원 **참가 선물** 기념품, 달리기 기록 증명서, 메달

이런 뜻이에요

- **부문** 어떤 분야를 구별하여 갈라놓은 특정한 부분이나 영역.

1 이 광고는 무엇에 대해 안내하고 있나요?

• ☐☐☐☐ 대회 신청

2 이 광고의 목적은 무엇인가요? (   )

① 마라톤 대회를 홍보하려고

② 인주시의 관광지를 안내하려고

③ 마라톤 경기 규칙에 대해 소개하려고

④ 단풍 마라톤의 역사에 대해 소개하려고

3 이 광고에서 알 수 있는 내용으로 맞으면 ○표, 틀리면 ×표 하세요.

(1) 어린이도 마라톤에 참가할 수 있다.   (   )

(2) 대회는 10월 19일(토) 오후 9시에 열린다.   (   )

(3) 대회가 열리는 날 행사장에 가서도 참가 신청을 할 수 있다.   (   )

4 이 광고를 읽고 난 후의 반응으로 알맞지 <u>않은</u> 것은 무엇인가요? (   )

① 참가비가 가장 저렴한 부문은 5km 마라톤이구나.

② 초보자가 혼자 달리고 싶다면 10km 마라톤에 참가해야겠구나.

③ 마라톤을 해 본 경험이 없다면 20km 마라톤에 참가해야겠구나.

④ 가족과 함께 마라톤을 하고 싶다면 5km 마라톤에 참가해야겠구나.

오늘의 낱말

다음 낱말을 소리 내어 읽어 보고 뜻을 살펴보세요.

먹거리

사람이 먹는 여러 가지 음식.

배달

우편물이나 물건, 음식 등을 가져다줌.

야식

밤에 먹는 음식.

일행

함께 길을 가는 사람. 또는 그 무리.

오늘의 퀴즈

빈칸에 들어갈 알맞은 말을 보기 에서 골라 쓰세요.

보기

| 먹거리 | 배달 | 야식 | 일행 |

1 ▢▢▢ 가 풍족하다.

2 밤에 먹는 ▢▢ 이 가장 맛있다.

3 저 사람은 우리 ▢▢ 이 아니에요.

4 집 앞 마트에서 쌀 한 포대 ▢▢ 을 시켰다.

 **미리 쌓는 배경지식**

냉면

- 냉면은 한국 고유의 음식 중 하나로, 차가운 면 요리를 말해요.
- 우리나라의 냉면은 18세기 이후부터 본격적으로 책에 등장하기 시작했어요.
- 조선 시대 임금들도 냉면을 즐겨 먹었는데, 순조와 고종이 냉면을 잘 먹었다고 전해져요.

욕심쟁이 병사

1문단 먼 옛날, 순조라는 임금이 있었어요. 순조는 병사들과 함께 밤에 산책하는 것을 즐겼어요. 그러던 어느 날, 순조가 병사들에게 말했어요.

"오늘은 어쩐 일인지 출출하구나. *야식으로 냉면을 먹고 싶다. 나만 먹을 수는 없으니 병사들 몫까지 모두 준비하거라."

순조의 명을 들은 병사 중 한 명이 *곤란한 얼굴로 말했어요.

"지금은 요리사가 잠든 시간이라 냉면을 준비할 수 없습니다. 성 밖으로 나가서 냉면을 사 오겠습니다."

2문단 냉면을 사러 성 밖으로 나간 병사가 생각했어요.

'냉면은 수육과 같이 먹으면 참 맛있는데! 이렇게 사람이 많으니 몰래 수육을 사 와도 들키지 않을 거야.'

병사는 동료들 몰래 수육을 사서 품 안에 숨겼어요. 그리고 *천연덕스럽게 냉면을 사서 성으로 다시 돌아왔지요.

3문단 "멀리까지 나가서 냉면을 사 오느라 고생했구나. 그럼 어디 한번 먹어 볼까? 그런데 이게 무슨 냄새지?"

순조는 병사가 품 안에 숨기고 있던 수육을 발견했어요. 그리고 병사의 ㉠꿍꿍이를 알아챘지요. 순조가 말했어요.

"저 병사에게는 냉면을 주지 말거라. ㉡저 병사는 따로 자기만 먹을 것이 있을 것이다."

병사는 부끄러움에 고개를 푹 숙였어요.

이런 뜻이에요

- **야식** 밤에 먹는 음식.
- **곤란한** 사정이 몹시 어렵고 난처한.
- **천연덕스럽게** 시치미를 뚝 떼어 겉으로는 아무렇지 않은 체하는 태도가 있게.

1 이 글의 내용으로 알맞은 것은 무엇인가요? (   )

① 순조는 낮에 산책하는 것을 즐겼어요.

② 성 안의 요리사는 열심히 냉면을 만들었어요.

③ 병사는 사람들의 냉면을 모두 차지하려고 했어요.

④ 병사는 자기 혼자만 냉면을 먹을 수 없게 되었어요.

2 ㉠의 뜻으로 알맞은 것은 무엇인가요? (   )

① 어떤 일을 해결할 방법에 대한 생각.

② 앞으로의 일을 자세히 생각하여 정함.

③ 어떤 일을 이루기 위하여 필요한 조치나 방법.

④ 남에게 드러내지 않고 속으로 몰래 일을 꾸미려는 생각.

3 ㉡에서 순조는 어떤 마음이었을까요? (   )

① 놀랍다.

② 괘씸하다.

③ 행복하다.

④ 지루하다.

4 이 글을 읽고 난 뒤의 반응으로 맞으면 ○표, 틀리면 ×표 하세요.

(1) 앞으로 혼자만 음식을 먹으려 하지 말고 다른 사람과 나누어야지.   (   )

(2) 동료들을 생각해 성 밖에서 수육을 사 온 병사의 마음이 아름다워.   (   )

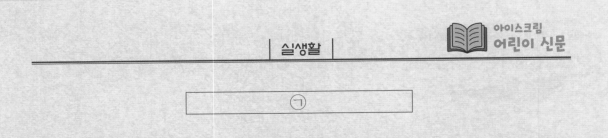

배달은 언제부터 시작되었을까?

실생활

아이스크림
어린이 신문

ㄱ

　오늘날 우리나라 사람들은 음식 *배달을 아주 쉽게 할 수 있게 되었다. 이러한 음식 배달은 언제부터 시작된 것일까? 우리나라 음식 배달의 역사를 거슬러 올라가다 보면 냉면을 마주하게 된다.

　어느 한 *기록에 따르면 조선 영조 때인 1768년 7월에 *과거 시험을 치른 어떤 사람이 다음날 *일행과 함께 점심식사로 냉면을 배달시켜 먹었다고 한다. 이러한 기록을 통해 우리 민족이 *먹거리를 배달하여 먹거나 마신 것은 꽤 오래 전부터 시작되었음을 알 수 있다.

　그 뒤로, 일제 강점기에는 서울에 냉면집이 많아지면서 배달도 함께 늘어나게 되었다. 당시 냉면집에서 냉면을 배달하던 사람을 '중머리'라고 불렀다. 냉면 배달부들은 긴 나무 판에 스무 그릇 정도나 되는 냉면을 *얹고 나무 판을 한 손으로 들어 자전거로 배달했다고 한다. ㉡그 모습을 본 사람들이 모두 입을 다물지를 못했다고 전해진다.

이런 뜻이에요

- **배달**　우편물이나 물건, 음식 등을 가져다줌.
- **기록**　주로 후일에 남길 목적으로 어떤 사실이나 생각을 적거나 영상으로 남김. 또는 그런 글이나 영상.
- **과거**　고려와 조선 시대에 실시했던 관리를 뽑기 위한 국가 시험.
- **일행**　함께 길을 가는 사람. 또는 그 무리.
- **먹거리**　사람이 먹는 여러 가지 음식.
- **얹고**　위에 올려놓고.

1 ㉠에 들어갈 제목으로 알맞은 것은 무엇인가요? (　　　)

① 음식 문화의 변화와 과정

② 지역별 냉면의 종류와 특징

③ 우리나라 냉면 배달의 역사

④ 조선 시대 과거 시험의 풍경

4주
5일

2 보기 에서 밑줄 친 '이들'을 가리키는 말을 신문 기사에서 찾아 써 보세요.

　보기

일제 강점기에는 일본인들의 입맛을 사로잡은 냉면으로 인해 이들을 고용해 배달을 시작하는 냉면집이 많아졌다. 십여 그릇의 냉면을 나무 판에 얹어 들고 자전거를 타는 곡예 배달은 당시 신문 삽화에도 그려질 정도로 진풍경이었다.

● **곡예** 아슬아슬하고 위험한 동작이나 상태.

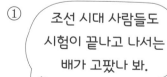

3 ㉡과 그 뜻이 가장 비슷한 사자성어는 무엇인가요? (　　　)

① 일희일비: 기쁨과 슬픔이 번갈아 일어남.

② 역지사지: 처지를 바꾸어서 생각하여 봄.

③ 작심삼일: 결심이 강하고 단단하지 못함.

④ 기절초풍: 기절하거나 까무러칠 정도로 몹시 놀라 질겁을 함.

4 이 글을 읽고 알게 된 점이나 더 알고 싶은 점을 **잘못** 말한 어린이는 누구인가요?

(　　　)

① 조선 시대 사람들도 시험이 끝나고 나서는 배가 고팠나 봐.

② 우리나라에서 음식 배달이 시작된 건 최근의 일이로구나.

③ 일제 강점기 때는 서울 거리에 냉면집이 여러 곳 있었구나.

아이와 평생
함께할 습관을
만듭니다.

아이스크림 홈런 2.0
공부를 좋아하는 습관

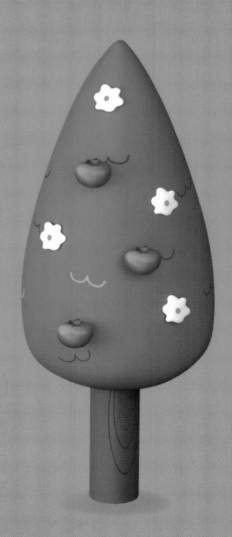

오늘의 성적을 넘어
아이와 평생 함께할 습관을 만듭니다.

틀리는 것을 두려워하지 않는 습관
궁금한 것은 끝까지 파보는 습관
스스로 설정한 목표는 해내고야 마는 습관
그렇게, 공부를 좋아하는 습관

결국 습관이 이긴다.

아이스크림 홈런 2.0
공부를 좋아하는 습관

아이스크림 홈런이 만드는 '공부를 좋아하는 습관'을 지금 확인해 보세요.

교과서부터 실생활까지
꽉 잡는 문해력 챌린지

교과서 실생활 문해력

정답과 해설

초등 1·2학년

이렇게 활용해요

정답과 오답의 이유를 꼼꼼히 확인해요.
이해하기 어려운 내용은 주변 어른에게 물어봐요.

교과서 교실 생활 문해력

실 생활

문해력

정답과 해설

2단계

초등 1·2학년

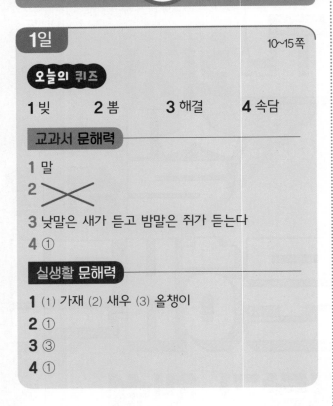

1주

1일
10~15쪽

오늘의 퀴즈

1 빚　　**2** 봄　　**3** 해결　　**4** 속담

교과서 문해력

1 말
2 ✕
3 낮말은 새가 듣고 밤말은 쥐가 듣는다
4 ①

실생활 문해력

1 (1) 가재 (2) 새우 (3) 올챙이
2 ①
3 ③
4 ①

▶ **교과서 문해력 - 속담 속에 담긴 말의 힘** ◀

◈ **글의 종류** 설명하는 글
◈ **글의 주제** 말과 관련된 우리나라의 속담

---

1 이 글은 말과 관련된 속담을 소개하고 있어요.
2 '가는 말이 고와야 오는 말이 곱다' 라는 속담은 내가 먼저 다른 사람에게 잘 대해 주어야 다른 사람도 나에게 잘 대해 준다는 뜻이에요. '말 한마디에 천 냥 빚도 갚는다' 라는 속담은 어려운 일이 있을 때 말만 잘해도 그 일을 잘 해결할 수 있다는 뜻이에요.
3 제시된 상황은 수미가 민선이에게 은지의 흉을 보았는데, 지나가던 성준이가 그것을 들었다는 내용이에요. 이 상황과 가장 잘 어울리는 속담은 '낮말은 새가 듣고 밤말은 쥐가 듣는다' 예요.

지도Tip 이 속담의 상황과 연결 지어 친구의 흉을 봐서는 안 된다는 것을 알려 주세요.

4 ① ( )에 공통으로 들어갈 말로 알맞은 것은 '갚다' 예요. '갚다' 는 '남에게 빌리거나 꾼 것을 도로 돌려줌.' 이라는 뜻과 '남에게 진 신세나 품게

된 원한에 대해 받은 만큼 되돌려줌.' 이라는 뜻이 있어요.

▶ **실생활 문해력 - 재미있는 우리말 속담 사전** ◀

◈ **글의 종류** 사전
◈ **글의 주제** 우리나라의 다양한 속담

---

1 (1) '가재는 게 편' 이라는 속담이에요.
　(2) '고래 싸움에 새우 등 터진다' 라는 속담이에요.
　(3) '개구리 올챙이 적 생각 못 한다' 라는 속담이에요.
2 ① '가는 날이 장날' 이라는 속담은 어떤 일을 하려고 하는데 마침 그때 생각하지도 않은 일이 생긴다는 뜻이에요. 박물관에 갔는데 문이 닫혀 있을 때 이 속담을 쓸 수 있어요.
3 ③ '남의 손의 떡은 커 보인다' 라는 속담은 남의 것이 내 것보다 더 좋아 보인다는 뜻이에요. 이 속담과 비슷한 뜻을 가진 속담으로 '남의 밥에 든 콩이 굵어 보인다' 라는 속담이 있어요.

오답풀이 ① '낫 놓고 기역 자도 모른다' 라는 속담은 낫을 보고도 'ㄱ' 자도 모를 만큼 아는 것이 없다는 것을 빗대어 하는 말이에요.
② '굼벵이도 구르는 재주가 있다' 라는 속담은 아무런 능력이 없어 보이는 사람이라도 잘하는 것이 한 가지는 있다는 뜻이에요.
④ '얌전한 고양이가 부뚜막에 먼저 올라간다' 라는 속담은 겉으로는 얌전한 것처럼 보이는 사람들이 실제로는 그렇지 않다는 뜻이에요.

4 ① 사람은 서로 비슷한 처지에 있거나 가까운 사람의 편을 든다는 것과 비슷한 뜻을 가진 사자성어는 '유유상종' 이에요. '유유상종' 은 비슷한 특성을 가진 사람들끼리 서로 어울려 사귄다는 뜻이에요.

쉬어가기

우유갑(○), 우유곽(✕)
　'갑' 이란 '물건을 담는 작은 상자.' 를 말해요. '곽' 은 '갑' 을 잘못 쓴 표현이에요.

오늘의 퀴즈

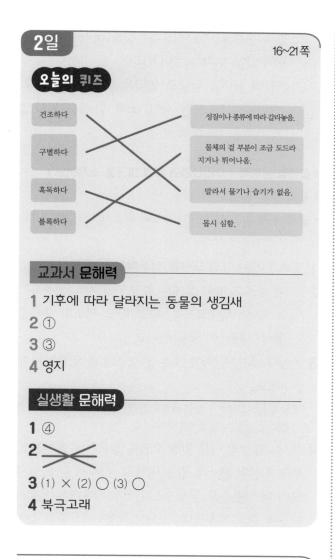

교과서 문해력

1 기후에 따라 달라지는 동물의 생김새
2 ①
3 ③
4 영지

실생활 문해력

1 ④
2 ✕
3 (1) ✕ (2) ○ (3) ○
4 북극고래

▶ 교과서 문해력 - 동물의 생김새를 보면 날씨가 보여요 ◀

◦ **글의 종류** 설명하는 글
◦ **글의 주제** 기후에 따라 달라지는 동물의 생김새

....

1 이 글은 기후에 따라 달라지는 동물의 생김새에 대해 쓴 글이에요. 북극에 사는 북극곰과 바다사자, 사막에 사는 낙타의 생김새와 기후를 연결 지어 설명하고 있어요. 또한 북극여우와 사막 여우처럼 같은 종류의 동물이라도 사는 곳에 따라 그 생김새가 달라질 수 있다는 것을 설명하고 있어요.

2 ① 사막은 날씨가 매우 덥고 비가 거의 오지 않아 건조해요.

3 ③ 낙타는 혹처럼 볼록한 등에 지방을 쌓아 두어 한동안 음식을 먹지 않아도 힘을 쓸 수 있어요.

4 북극에 사는 북극여우는 귀가 작고, 사막에 사는 사막 여우는 귀가 커요. 어디에 사느냐에 따라 귀의 크기가 달라질 수 있다는 영지의 말이 적절해요.

오답 풀이 사막 여우는 북극여우보다 큰 귀를 가졌어요.

▶ 실생활 문해력 - 특이한 환경에서 살아가는 동물들 ◀

◦ **글의 종류** 카드 뉴스
◦ **글의 주제** 환경에 맞춰 살아가는 동물들

....

1 ④ 박쥐와 초롱아귀는 빛이 많지 않은 어두운 곳에서 살고 있다는 공통점이 있어요.

오답 풀이 ①, ③ 박쥐에게만 해당하는 특징이에요.
② 초롱아귀에게만 해당하는 특징이에요.

2 피라냐는 아마존에 살고, 황제펭귄은 남극에 살아요. 미어캣은 사막에 살아요.

3 (1) ✕ 피라냐는 날카로운 이빨을 가졌어요.
　(2) ○ 미어캣은 구부러진 발톱으로 굴을 파서 뜨거운 사막의 열을 피해요.
　(3) ○ 황제펭귄은 동그랗게 모여 꼭 붙어서 체온을 유지해요.

4 북극고래는 극지방에 살고, 지방층이 매우 두꺼워요. 얼음같이 차가운 물속에 들어가기도 해요.

쉬어가기

덤터기(○), 덤탱이(✕)

　'덤터기'란 '남에게 넘기거나 남에게 넘겨받은 원치 않는 일이나 걱정거리.'라는 뜻이에요. 하지만 '덤탱이'라고 잘못 쓰는 사람들이 많아요. '덤터기'가 올바른 표현이라는 것을 잊지 마세요.

법과 순서로 이루어졌다는 것을 국가나 사회 기관이 밝힘.'이라는 뜻이에요.
(2) 빈칸에 들어갈 낱말로 알맞은 것은 '소비'예요. '소비'란 '돈, 물건, 시간, 노력, 힘 등을 써서 없앰.'이라는 뜻이에요.

3일 22~27쪽

오늘의 퀴즈

일회용품, 분해되지, 소비, 제도

교과서 문해력

1 환경
2 ④
3 (1) ○ (2) ○ (3) ×
4 (1) 인증 (2) 소비

실생활 문해력

1 ____
____
2 ③
3 온실가스, 이산화 탄소
4 적은, 적을수록

▶ **실생활 문해력 – 우리나라의 환경 마크를 소개해요** ◀

◖ **글의 종류** 블로그 게시 글
◖ **글의 주제** 환경 성적 표지 제도와 탄소 발자국 인증 마크

1 블로그 게시 글의 표시를 참고하세요.
2 ③ 이 블로그 게시 글에는 환경 마크 제도의 종류가 소개되어 있어요. 즉, 환경 마크 제도의 종류를 알리기 위해 이 글을 썼어요.
3 온실가스와 이산화 탄소는 환경 오염을 일으키는 원인이에요.

오답 풀이 발자국은 환경 오염과 관련이 없어요. 환경 오염과 관련이 있는 것은 '탄소 발자국'이에요.

4 '탄소 발자국'이란 환경 오염을 일으키는 온실가스, 특히 이산화 탄소의 양을 말해요. 따라서 탄소 발자국이 더 적을수록 온실가스가 적게 나온다는 뜻이기 때문에 탄소 발자국이 더 적은 제품이 더 좋은 것이에요.

▶ **교과서 문해력 – 지구를 지키는 환경 마크** ◀

◖ **글의 종류** 설명하는 글
◖ **글의 주제** 우리나라와 여러 나라의 환경 마크

1 이 글은 환경 마크에 대한 글이에요. 일회용품 사용을 줄여야 하는 이유와 더불어 우리나라의 환경 마크와 일본과 독일의 환경 마크를 설명하고 있어요.
2 ④ 3문단의 중심 내용은 세계의 여러 환경 마크는 사람들이 친환경적인 소비를 할 수 있도록 도와준다는 것이에요.

오답 풀이 ①, ② 알맞은 내용이지만 3문단의 중심 내용이라고 볼 수 없어요.

3 (1) ○ 우리나라의 환경 마크에는 환경 성적 표지 제도, 탄소 발자국 인증 마크 등 여러 가지 종류가 있어요.
(2) ○ 일본은 '에코 마크'라는 환경 마크를 사용하고 있어요.
(3) × 일회용품을 만들 때 쓰이는 플라스틱은 썩어서 흙으로 돌아가기까지 아주 오랜 시간이 걸려요.
4 (1) 빈칸에 들어갈 낱말로 알맞은 것은 '인증'이에요. '인증'이란 '어떠한 문서나 행위가 정당한 방

쉬어가기

가십시오(○), 가십시요(×)
'안녕히 가십시오.'라는 문장을 쓸 때, '가십시오'를 '가십시요'라고 잘못 쓰는 경우가 많아요. 하지만 이 말은 '가다'에 '-십시오'가 합쳐진 말로, '가십시오'라고 써야 해요.

4일

28~33쪽

오늘의 퀴즈

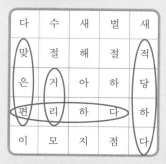

다	수	새	벌	새
맞	절	해	절	적
은	거	아	하	당
편	리	하	다	하
이	모	지	점	다

교과서 문해력

1 장소
2 ③
3 ③
4 (2) ○

실생활 문해력

1 ②
2 ④
3 친구가 사는 곳과 가까운 곳
4 ④

▶ 교과서 문해력 - 우리 어디에서 만날까요? ◀

• 글의 종류 설명하는 글
• 글의 주제 약속 장소를 정하는 방법

---

1 이 글은 약속 장소를 정하는 방법에 대한 글이에요. 약속 장소를 정할 때 생각해야 할 부분, 약속 장소로 정하면 좋은 장소 등을 설명하고 있어요.

2 ③ 약속 장소를 정할 때 서로 사는 곳의 거리를 생각해 보아야 해요. 친구와 내가 사는 곳의 중간 지점으로 약속 장소를 정하는 것이 가장 좋아요.

3 ③ 친구와 만나서 밥을 먹기로 했다면 놀이공원은 약속 장소로 알맞지 않아요.

오답 풀이 ① 친구와 밥을 먹기로 했다면 밥을 먹을 음식점을 약속 장소로 정하는 것도 알맞아요.
②, ④ 교통이 편리해서 친구와 함께 목적지까지 이동하기 쉬운 지하철역이나 버스 정류장도 약속 장소로 알맞아요.

4 ㉠ '거리'는 '두 개의 물건이나 장소 따위가 공간적으로 떨어진 길이.'를 말해요. 따라서 (2)에서 쓰

인 '거리'가 ㉠의 뜻과 비슷하게 쓰였어요.

오답 풀이 (1)에서 사용된 '거리'는 내용이 될 만한 대상이나 재료를 말해요.

▶ 실생활 문해력 - 당신을 초대합니다 ◀

• 글의 종류 초대장
• 글의 주제 생일 파티에 초대하는 글

---

1 ② 이 글은 성은이가 자신의 생일 파티에 친구들을 초대하기 위해 쓴 글이에요.

2 ④ 생일 파티에 올 사람은 파티 전날까지 알려 주어야 한다고 했어요. 생일 파티는 금요일이므로 목요일까지 이야기해야 해요.

오답 풀이 ① 단빛초등학교 정문 앞에서 1시 50분에 만나서 같이 가야 해요.
② 초대장을 가지고 있는 사람만 생일 파티에 올 수 있으니 잊지 말고 초대장을 꼭 가져오라고 했어요. 따라서 초대장에 쓰여 있는 내용을 모두 읽었어도 초대장을 버려서는 안 돼요.
③ 1시 50분까지 단빛초등학교 정문 앞으로 가야 해요.

3 성은이는 약속 장소를 정할 때 친구가 사는 곳과 가까운 곳은 생각하지 않았어요. 그 대신, 목적지인 피자 가게와 가깝고 친구들이 잘 알고 있는 단빛초등학교 정문 앞으로 약속 장소를 정했어요.

4 ④ ㉠ '꼭'은 '어떤 일이 있어도 반드시.'라는 뜻으로, '반드시'와 바꾸어 쓸 수 있어요.

오답 풀이 ① '그러할 리는 없지만 만일에.'라는 뜻이에요.
② '일정한 정도나 한계를 훨씬 넘어선 상태로.'라는 뜻이에요.
③ '같은 일이 되풀이되는 간격이 짧게.'라는 뜻이에요.

쉬어가기

할게(○), 할께(×)

'내가 심부름을 할게.'를 발음해 보면 '할게'가 [할께]처럼 세게 들려서 많이 헷갈릴 수 있어요. 하지만 '할게'라고 적어야 해요.

5일

34~39쪽

오늘의 퀴즈

자기주장, 근거, 설득하는, 맞추는

교과서 문해력

1 다른

2 ①

3 ②

4 ㉠ 결정 ㉡ 찬성

실생활 문해력

1 ①

2 ⑴ × ⑵ × ⑶ ○

3 ㉢

4 ③

▶ **교과서 문해력 - 축구는 누가 하고, 화단 설치는 어떻게 할래?** ◀

❝ **글의 종류** 설명하는 글

❝ **글의 주제** 토의와 토론의 다른 점

....

1 이 글은 토의와 토론의 다른 점에 대해 설명하고 있어요. 이 글을 통해 토의는 무엇이고 토론은 무엇인지를 알 수 있어요.

2 ① 토의의 목적은 여러 의견 가운데 가장 좋은 의견을 결정하는 것이에요. 상대를 설득하는 것은 토론의 목적이에요.

3 ② 토론의 주제로는 찬성과 반대로 입장이 나뉠 수 있는 것이 알맞아요. 학교 체육관에 수영장을 만들어야 할지에 대해서 찬성과 반대로 입장을 나누어 토론을 할 수 있어요.

오답 풀이 ①, ③, ④ 토의를 하기에 알맞은 주제예요. 토의의 주제로는 여러 가지 다양한 의견이 제시될 수 있는 것이 알맞아요.

4 ㉠ 토의는 여러 의견 가운데 가장 좋은 결정을 내리기 위해 의견을 맞춰 나가는 것이에요.

㉡ 토론은 한 가지 주제에 대해 찬성과 반대의 입장을 가진 사람들이 자기주장을 펼치는 것이에요.

▶ **실생활 문해력 - 우리 가족의 당일치기 여행 계획** ◀

❝ **글의 종류** 대화

❝ **글의 주제** 당일치기 여행 계획 토의

....

1 ① 성은이네 가족은 정동진으로 당일치기 여행을 가서 시간 박물관 방문과 레일 바이크 체험 중 어떤 것을 할지 토의하고 있어요. 즉, 정동진에서 가 볼 곳을 정하고 있어요.

2 ⑴ × 성은이네 가족은 정동진으로 당일치기 여행을 가기로 했어요. 당일치기 여행은 하루 안에 집에서 출발하여 집으로 다시 돌아오는, 그날 하루에 끝내는 여행을 말해요.

⑵ × 성은이네 가족은 레일 바이크를 한 번도 타 보지 않았다고 했어요.

⑶ ○ 성은이의 말을 통해 시간 박물관 근처에는 레일 바이크를 탈 수 있는 곳이 있다는 것을 알 수 있어요.

3 ㉢ 성은이네 가족은 각자 자신이 원하는 활동이 무엇인지 의견을 내고, 의견이 많이 모인 쪽으로 결정을 했어요. 즉, 더 많은 사람이 투표한 것에 따라서 문제를 해결하고 있음을 알 수 있어요.

4 ③ 성준이는 엄마의 의견에 동의하고 있어요.

오답 풀이 ① 엄마는 레일 바이크를 타면 좋겠다며 자신의 의견을 내고 있어요.

② 성은이는 자신의 의견이 선택되지는 않았지만, 토의 결과에 만족했어요.

④ 아빠는 다른 가족과 똑같이 자신의 의견을 내면서 토의에 참여하고 있어요. 다른 사람들의 의견을 무시하고 있지 않아요.

쉬어가기

금세(○), 금새(×)

'금세'란 '지금 바로.'라는 뜻이에요. '금새'라고 헷갈리는 사람들이 많지만, '금세'라고 써야 해요.

1일

42~47쪽

오늘의 퀴즈

발	견	하	다	홍
전	시	늘	래	분
소	라	게	끼	명
전	달	하	다	하
기	일	정	하	다

교과서 문해력

1 맞춤법, 띄어쓰기

2 ③

3 해인

4 ①

실생활 문해력

1 ③

2 (1) × (2) ○

3 성민

4 웬일

▸ 교과서 문해력 - 글을 쓸 때 지켜야 할 것 ◂

‣ 글의 종류 주장하는 글

‣ 글의 주제 맞춤법과 띄어쓰기

1 이 글의 중심 낱말은 맞춤법과 띄어쓰기예요.

2 ③ 이 글의 글쓴이는 맞춤법과 띄어쓰기를 지켜야 하는 이유에 대해 설명하면서 글을 쓸 때는 맞춤법과 띄어쓰기를 잘 지켜야 한다고 주장하고 있어요.

3 띄어쓰기를 바르게 해야 하는 이유를 알맞게 설명한 어린이는 해인이에요. 어떻게 띄어 쓰는지에 따라 다른 뜻으로 이해할 수도 있기 때문에, 자신이 표현하고 싶은 뜻에 맞게 띄어쓰기를 잘 해야 해요.

오답 풀이 띄어쓰기는 말을 할 때가 아니라 글을 쓸 때 잘 지켜야 해요.

4 ① 제시된 문장은 맞춤법에 맞지 않게 '이예요'라는 말을 사용했어요. '이예요'가 아니라 '이에요'라고 올바르게 써야 해요.

▸ 실생활 문해력 - 책에 오타가 있어요 ◂

‣ 글의 종류 온라인 게시 글

‣ 글의 주제 책에 수록된 오타

1 ③ 겨울이는 《우리 집에 외계인이 살아요!》라는 책을 읽고 발견한 오타를 알려 주기 위해서 글을 썼어요.

2 (1) × 《우리 집에 외계인이 살아요!》는 얼마 전에 나온 책이에요.

(2) ○ 겨울이의 글과 아이스크림 출판사의 답변을 통해 《우리 집에 외계인이 살아요!》 37쪽에 혜미의 말이 있다는 것을 알 수 있어요.

3 큰따옴표는 대화하는 부분에 쓰는 것이므로, 인물이 소리 내어 한 말을 적을 때는 큰따옴표를 써야겠다고 말한 성민이가 바르게 이해하였어요.

오답 풀이 인물이 작은 목소리로 속삭이듯 말한 경우라도 큰따옴표를 써야 해요.

4 '왠일'을 '웬일'로 바르게 고쳐 써야 해요.

쉬어가기

설렘(○), 설레임(×)

　'설렘'이란 '마음이 가라앉지 아니하고 들떠서 두근거림.'이란 뜻을 가진 '설레다'의 명사형이에요. 유명 아이스크림의 이름 때문에 '설레임'으로 써야 한다고 헷갈리는 사람들이 많지만, '설렘'이라고 쓴다는 것을 기억하고 주의해야 해요.

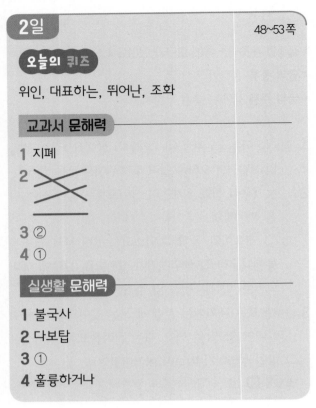

오늘의 퀴즈

위인, 대표하는, 뛰어난, 조화

교과서 문해력

1 지폐
2 ╳
3 ②
4 ①

실생활 문해력

1 불국사
2 다보탑
3 ①
4 훌륭하거나

▶ 교과서 문해력 - 우리나라 지폐에 그려져 있는 그림 ◀

• **글의 종류** 설명하는 글
• **글의 주제** 우리나라 지폐에 그려져 있는 위인과 국가유산

1 이 글은 우리나라 지폐에 그려져 있는 위인과 국가유산에 대한 글이에요. 우리나라의 만 원, 천 원, 오천 원, 오만 원 지폐에 그려져 있는 인물이 누구인지, 어떤 국가유산이 그려져 있는지 설명하고 있어요.

2 1문단에는 우리나라 지폐에는 우리나라를 대표하는 위인, 동식물, 국가유산 등이 그려져 있다는 내용이 담겨 있어요. 2문단에는 만 원짜리 지폐에 그려져 있는 세종 대왕과 용비어천가, 혼천의에 대한 내용이 담겨 있어요. 3문단에는 천 원짜리 지폐에 그려져 있는 퇴계 이황과 성균관에 대한 내용이 담겨 있어요. 4문단에는 오천 원짜리 지폐에 그려져 있는 율곡 이이와 오만 원짜리 지폐에 그려져 있는 신사임당에 대한 내용이 담겨 있어요.

3 ② 신사임당은 율곡 이이의 어머니예요. 따라서 율곡 이이와 신사임당은 가족이에요.

4 ㉠ '최초'는 '맨 처음.'이라는 뜻이에요. 비슷한 뜻을 가진 낱말로 '처음'이 있어요.

오답풀이 ② '얼마 되지 않은 지나간 날부터 현재 또는 바로 직전까지의 기간.'이라는 뜻이에요.

③ '지금부터 뒤.'라는 뜻이에요.

④ '시간이나 순서의 맨 끝.'이라는 뜻이에요.

▶ 실생활 문해력 - 십 원짜리 동전에 새겨져 있는 탑 ◀

• **글의 종류** 동영상
• **글의 주제** 다보탑과 삼층석탑

1 다보탑과 삼층석탑은 경주 불국사에 있어요.

2 동전으로만 봤던 탑, 생각보다도 크고 화려한 모습이라는 참별이의 말에서 참별이가 말한 탑이 다보탑임을 알 수 있어요.

3 ① 이 동영상에서 다보탑을 만든 사람은 누구인지 알 수 없어요.

오답풀이 ② 다보탑은 통일 신라 때 만들어진 탑이라고 했어요.

③ 삼층석탑은 석가탑이라고도 불린다고 했어요.

④ 삼층석탑은 돌로 만들어진 탑이라고 했어요.

4 ㉠ '뛰어난'은 '능력 등이 남보다 더 훌륭하거나 우수한.'이라는 뜻이에요.

쉬어가기

액세서리(○), 악세사리(✕)

  '액세서리'는 '멋을 내려고 몸이나 옷에 달거나 걸어 장식하는 물건.'을 뜻해요. '악세사리'라고 쓰는 경우가 많지만 '액세서리'가 올바른 표기예요.

오늘의 퀴즈

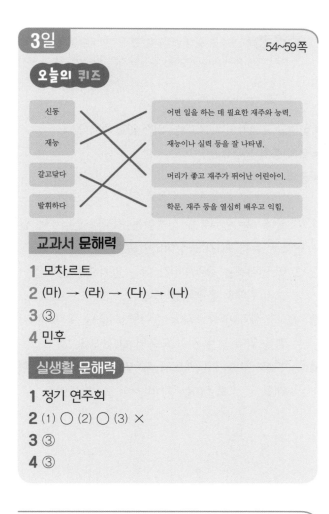

신동	어떤 일을 하는 데 필요한 재주와 능력.
재능	재능이나 실력 등을 잘 나타냄.
갈고닦다	머리가 좋고 재주가 뛰어난 어린아이.
발휘하다	학문, 재주 등을 열심히 배우고 익힘.

교과서 문해력

1 모차르트
2 (마) → (라) → (다) → (나)
3 ③
4 민후

실생활 문해력

1 정기 연주회
2 (1) ○ (2) ○ (3) ×
3 ③
4 ③

▶ 교과서 문해력 - 음악의 천재 ◀

◉ 글의 종류 설명하는 글
◉ 글의 주제 모차르트의 인생

1 이 글은 모차르트의 인생에 대해 쓴 글이에요. 모차르트가 태어나면서부터 죽을 때까지 어떻게 살았는지를 설명하고 있어요.

2 순서대로 (가) → (마) → (라) → (다) → (나)예요. 모차르트는 1756년에 태어났어요. 5살 때 작곡을 시작하여 신동 소리를 들었고, 잘츠부르크의 궁정 음악가가 되었어요. 그리고 궁정 음악가를 그만두고 빈으로 간 모차르트는 빈에서 수많은 음악을 작곡했어요. 하지만 건강이 나빠지고 가난해지면서 35세의 나이로 세상을 떠났어요.

3 ③ 모차르트는 잘츠부르크에서 원하는 음악을 마음껏 할 수 없었기 때문에 빈으로 떠났어요.

4 모차르트는 35세라는 젊은 나이에 세상을 떠났어요. 민후의 감상은 이 글을 읽은 후의 감상으로 알맞아요.

오답 풀이 모차르트는 잘츠부르크의 궁정 음악가가 되었지만, 당시 궁정 음악가는 제빵사나 시종, 하인보다도 낮은 신분이었어요. 고귀한 신분이 아니었어요.

▶ 실생활 문해력 - 음악 연주회에 초대합니다 ◀

◉ 글의 종류 SNS
◉ 글의 주제 정기 연주회 안내 및 관람 후기

1 (가)와 (나)는 정기 연주회에 대해 쓴 글이에요. (가)는 음악학원에서 여는 정기 연주회를 안내하는 글이고, (나)는 정기 연주회를 다녀와서 느낀 점을 쓴 글이에요.

2 (1) ○ 연주회가 열리는 날짜는 8월 3일이라고 쓰여 있어요.
(2) ○ 연주회가 열리는 장소는 인주문화회관 대강당이라고 쓰여 있어요.
(3) × 연주회가 끝나는 시간은 알 수 없어요.

3 ③ 글쓴이는 자신의 아들이 사람들 앞에서 연주하는 것은 처음이라고 했어요.
오답 풀이 ① 글쓴이는 아들의 정기 연주회를 다녀왔어요.
② 합창은 학생들과 선생님이 함께 했어요. 부모님은 함께 하지 않았어요.
④ 정기 연주회는 피아노 연주, 바이올린 연주, 합창의 순서로 진행되었어요.

4 ③ ㉠ '치는'은 '손이나 물건 따위를 부딪쳐 소리 나게 하는.'이라는 뜻이에요. 장구 역시 손으로 치며 소리를 내는 악기이므로, ③의 '치는'이 ㉠과 같은 뜻으로 쓰였어요.
오답 풀이 ① '바람이 세차게 불거나 비, 눈 따위가 세차게 뿌리는.'이라는 뜻이에요.
② '붓이나 연필 따위로 점을 찍거나 선이나 그림을 그리는.'이라는 뜻이에요.
④ '적은 분량의 액체를 따르거나 가루 따위를 뿌려서 넣는.'이라는 뜻이에요.

쉬어가기

눈꼴시다(○), 눈꼴시리다(×)
'눈꼴시다'는 '하는 짓이 거슬리어 보기에 아니꼬움.'이란 뜻이에요. 하지만 '눈꼴시리다'라는 말로 잘못 쓰는 경우가 많아요. 앞으로는 헷갈리지 않고 제대로 사용하기로 해요.

4일

60~65쪽

오늘의 퀴즈

1 보관　　**2** 예절　　**3** 손상　　**4** 방해

교과서 문해력

1 ③

2 ②

3 (1) ○ (2) ○ (3) ×

4 ②

실생활 문해력

1 기자, 큐레이터

2 ③

3 미술관 큐레이터가 쓴 책 읽어 보기

4 ④

▶ 교과서 문해력 – 미술관에 가면 예절을 지켜요 ◀

◀ **글의 종류** 설명하는 글

◀ **글의 주제** 미술관 관람 예절

---

1 ③ 이 글은 미술관 관람 예절에 대해 쓴 글이에요. 미술관에서 작품을 감상할 때 지켜야 할 몇 가지 예절을 설명하고 있어요.

2 ② 이 글은 미술관을 방문하는 관람객이 읽기를 바라고 쓴 글이에요.

3 (1) ○ 미술관 안에서 큰 소리로 떠들거나 뛰어다니며 장난을 치면 안 된다고 했어요. 즉, 조용한 자세로 작품을 감상해야 해요.

(2) ○ 미술관 안에 음식물을 가지고 들어가서는 안 된다고 했어요. 그러므로 음료를 모두 마시고 미술관에 들어가야 해요.

(3) × 카메라 플래시를 터뜨리며 사진을 찍으면 작품에 손상이 갈 수 있다고 했어요.

4 ② 이 글에서는 미술관에서 작품을 감상할 때 지켜야 할 몇 가지 예절을 설명했어요. 그 후 4문단에서 이러한 예절을 잘 지켜서 올바른 관람 문화를 만들자고 쓰는 것은 적절해요.

오답 풀이 ① 미술관 관람 예절과는 큰 관련이 없는 내용이에요. ③ 2문단에서 이미 미술관에서는 조용히 해야 한다는 내용이 제시되었어요.

▶ 실생활 문해력 – 큐레이터는 어떤 일을 하나요? ◀

◀ **글의 종류** 인터뷰

◀ **글의 주제** 큐레이터가 하는 일

---

1 이 글에서는 인터뷰를 진행하는 기자와 인터뷰에 답변하는 큐레이터가 등장하였어요.

2 ③ 이 인터뷰는 큐레이터가 하는 일이 무엇인지 알아보기 위해서 진행되었어요.

3 미술관 큐레이터가 되고 싶다면 미술관 큐레이터가 쓴 책을 읽어 보는 것이 도움이 될 거예요.

4 ④ '때려 부수거나 깨뜨려 무너뜨리는.'이라는 뜻이에요. ㉠ '보존하는'과 바꾸어 쓸 수 없어요.

쉬어가기

허섭스레기(○), 허접쓰레기(○)

　'허섭스레기'란 '좋은 것이 빠지고 난 뒤에 남은 허름한 물건.'이란 뜻이에요. 원래 '허섭스레기'만 표준어였지만, 2011년 '허접쓰레기'도 표준어가 되어 둘 다 올바른 말이 되었어요.

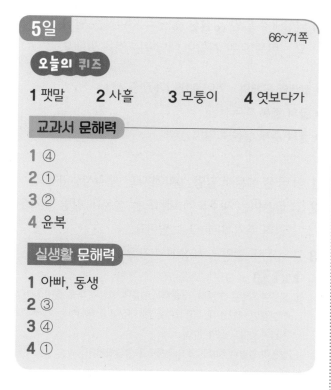

5일

오늘의 퀴즈

1 팻말　　**2** 사흘　　**3** 모퉁이　　**4** 엿보다가

교과서 문해력

1 ④

2 ①

3 ②

4 윤복

실생활 문해력

1 아빠, 동생

2 ③

3 ④

4 ①

▶ 교과서 문해력 - 해바라기 씨 | 정지용 ◀

● **글의 종류** 동시

● **글의 주제** 해바라기가 피기를 바라는 마음

----

1 ④ 이 시는 누나와 동생이 해바라기 씨를 심은 후 해
바라기가 피기를 기다리는 마음을 담은 동시예요.
이 시의 배경으로 가장 알맞은 것은 담장과 작은
마당이 있는 시골집이에요.

　지도Tip | 시의 배경을 추측할 수 있는 단서를 함께 찾아보면 좋
아요. '담 모퉁이', '바둑이', '괭이' 등의 단서와 시의 전체적인 내
용을 살펴보면 알맞은 시의 배경이 무엇인지 추측할 수 있어요.

2 ① 이 시에서 누나와 동생은 해바라기가 피기를 기다
리고 있어요.

3 ② 이 시에서 해바라기 씨를 심고 다음날 새싹이 돋
아났다는 장면은 나타나지 않았어요.

　오답 풀이 ① '우리가 이웃에 간 동안에'라는 부분에서 누나와
함께 이웃집에 놀러간 모습이 나타나 있어요.

　③ '괭이가 꼬리로 다진다'라는 부분에서 해바라기 씨를 심은 곳에
서 고양이가 놀고 있는 모습이 나타나 있어요.

　④ '누나가 손으로 다지고 나면'이라는 부분에서 누나가 해바라기
씨를 심고 손으로 흙을 다지는 모습이 나타나 있어요.

4 ㉠은 해바라기는 첫 색시와도 같아서 사흘이 지나도
부끄러워서 고개를 들지 않는다, 즉 사흘이 지나도
아직 새싹이 트지 않았다는 것을 표현한 말이에요.

㉠의 뜻을 알맞게 짐작한 어린이는 윤복이에요.

▶ 실생활 문해력 - 텃밭에 나무를 심어요 ◀

● **글의 종류** 그림일기

● **글의 주제** 복숭아나무를 심은 날

----

1 이 글에는 글을 쓴 '나' 외에도 묘목을 사 온 아빠,
함께 복숭아나무를 심은 동생이 등장했어요.

2 ③ 시장에서 묘목을 사 온 사람은 아빠예요.

3 ④ '나'는 강아지가 복숭아나무 묘목 주변을 뛰어다
니는 것을 말리느라 애를 먹었어요. '나'는 강아
지가 묘목을 쓰러뜨릴까 봐 걱정하는 마음이 들
었을 거예요.

4 ① '순조롭고 힘차게 잘 자라는 모양.'을 뜻하는 말
이에요. ㉡ '쑥쑥' 대신 쓸 수 있어요.

　오답 풀이 ② '작은 물체가 가볍게 매달려 자꾸 흔들리는 모양.'
을 뜻하는 말이에요.

　③ '어린아이가 깊이 잠들어 조용하게 자꾸 숨 쉬는 소리.'를 뜻하
는 말이에요.

　④ '작은 것이 자꾸 세차고 가볍게 뛰어오르는 모양.'을 뜻하는 말
이에요.

쉬어가기

부스스(○), 부시시(✕)

　흔히들 '머리카락이 부시시하다'라는 말을 쓰고는 해요. 하지만
이는 틀린 표현이에요. '부스스'란 '머리카락이나 털 따위가 몹시 어
지럽게 일어나거나 흐트러져 있는 모양.'을 뜻해요. 앞으로는 '부시
시'가 아닌 '부스스'를 사용하도록 해요.

3주

1일

74~79쪽

오늘의 퀴즈

1 싸고   **2** 활약   **3** 풍요   **4** 칭송

교과서 문해력

1 _____

2 ④

3 ④

4 탄생

실생활 문해력

1 설문대

2 ②

3 ②

4 ✕

▶ 교과서 문해력 - 낙성대에 얽힌 이야기 ◀

글의 종류 설명하는 글

글의 주제 강감찬 장군의 탄생과 업적

---

1 1문단에는 낙성대에는 강감찬의 탄생과 관련된 신비로운 이야기가 전해져 내려오고 있다는 내용이 담겨 있어요. 2문단에는 강감찬 장군이 벼슬에 오르고 나서 나라를 위해 크게 활약했다는 내용이 담겨 있어요.

2 ④ 사람들은 강감찬 장군의 활약을 칭송하기 위해 낙성대에 삼층석탑을 세웠어요.

오답 풀이 ① 강감찬 장군은 우리나라에서 태어났어요.

② 강감찬 장군은 어렸을 때부터 공부를 좋아하고 똑똑했어요.

③ 강감찬 장군은 거란과의 전투를 승리로 이끌었어요.

3 ④ 이 글에 거란이 쳐들어온 이유는 나타나 있지 않아요.

지도Tip ① 서울특별시 관악구에 있다고 나와 있어요.

② 별이 떨어진 그곳을, 떨어질 '락(落)', 별 '성(星)', 집터 '대(垈)'를 써서 낙성대라는 이름으로 부른다고 했어요.

③ 귀주 대첩과 함께 살수 대첩, 한산도 대첩이 우리나라 3대 대첩으로 손꼽힌다고 했어요.

4 낙성대와 얽힌 강감찬 장군의 이야기는 탄생 설화예요. '탄생'이란 사람이 태어나는 것을 말해요.

▶ 실생활 문해력 - 거인 할머니가 만든 섬 ◀

글의 종류 백과사전

글의 주제 설문대 할망 설화

---

1 이 글은 설문대 할망 설화에 대한 백과사전이에요.

2 ② 글쓴이는 제주도에 내려오는 설문대 할망 설화를 알려 주기 위해 글을 썼어요.

3 ② 설문대 할망은 세상에서 가장 키가 커요.

오답 풀이 ① 설문대 할망은 여자 신이에요.

③ 설문대 할망은 해녀가 아니에요. 설문대 할망의 오줌 줄기로부터 해산물이 나왔는데, 제주도에는 이 해산물을 채집하는 해녀라는 직업이 있다고 설명했어요.

④ 설문대 할망은 제주도의 이곳저곳을 만들었어요.

4 설문대 할망의 오줌 줄기로부터 미역, 전복, 소라, 물고기 등의 해산물이 나왔어요. 설문대 할망은 치마에 흙을 담아 날라서 한라산을 만들었어요. 설문대 할망의 터진 치마 구멍 사이로 삐져나온 흙이 쌓여 생긴 것은 오름이에요.

쉬어가기

구레나룻(○), 구렛나루(✕)

'구레나룻'이란 '귀밑부터 턱까지 이어서 난 수염.'이라는 뜻이에요. 하지만 '구렛나루'라고 잘못 쓰는 경우가 많지요. 이제는 올바르게 사용할 수 있겠지요?

오늘의 퀴즈

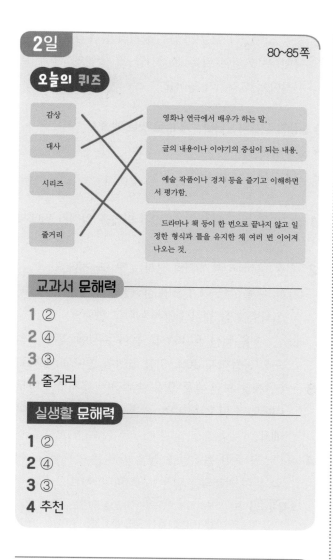

감상	영화나 연극에서 배우가 하는 말.
대사	글의 내용이나 이야기의 중심이 되는 내용.
시리즈	예술 작품이나 경치 등을 즐기고 이해하면서 평가함.
줄거리	드라마나 책 등이 한 번으로 끝나지 않고 일정한 형식과 틀을 유지한 채 여러 번 이어져 나오는 것.

교과서 문해력

1 ②
2 ④
3 ③
4 줄거리

실생활 문해력

1 ②
2 ④
3 ③
4 추천

▶ 교과서 문해력 - 우리 동아리에 오세요 ◀

◀ 글의 종류 소개하는 글
◀ 글의 주제 영화 감상 동아리 소개

1 ② 이 글에서 이야기하고 있는 동아리는 영화 감상 동아리예요. 동아리 '영화 친구'를 소개하면서 함께 영화 감상을 나눌 친구를 찾고 있어요.

2 ④ 이 글의 글쓴이는 친구들과 감상을 나누면 영화에서 기억에 남았던 대사나 인상 깊었던 장면을 오래 기억할 수 있다고 말했어요.

3 ③ 매주 금요일 급식을 먹은 후, 즉 점심시간에 동아리 모임이 있어요. 방과 후가 아니에요.

4 ( )에 들어갈 알맞은 단어는 '줄거리'예요. '줄거리'는 '글의 내용이나 이야기의 중심이 되는 내용.'을 뜻해요.

▶ 실생활 문해력 - 영화 감상을 나누어요 ◀

◀ 글의 종류 대화
◀ 글의 주제 〈오즈의 마법사〉에 대한 감상

1 ② 이 대화는 영화에 대한 감상을 나누기 위해 모인 영화 동아리 친구들의 대화예요.

2 ④ 이 대화를 통해 책 〈오즈의 마법사〉 시리즈의 총 권수가 14권이라는 사실을 알 수 있어요.

3 ③ 〈오즈의 마법사〉 소설은 총 14권으로 이루어진 시리즈라고 했어요. 영화 〈오즈의 마법사〉는 소설의 내용이 많이 생략된 것이지요. 그러므로 영화 〈오즈의 마법사〉를 봤으면 책은 안 읽어도 되겠다는 말은 적절하지 않아요.

4 ( )에 들어갈 알맞은 단어는 '추천'이에요. '추천'은 '어떤 조건에 알맞은 사람이나 물건을 책임지고 소개하는 것.'을 말해요.

쉬어가기

오랜만(○), 오랫만(×)

'오래간만'이란 '어떤 일이 있은 때로부터 긴 시간이 지난 뒤.'라는 뜻이에요. '오래간만'의 준말인 '오랜만'을 '오랫만'이라고 잘못 쓰는 경우가 있어요. 하지만 '오랫만'은 틀린 표기랍니다.

3일

오늘의 퀴즈

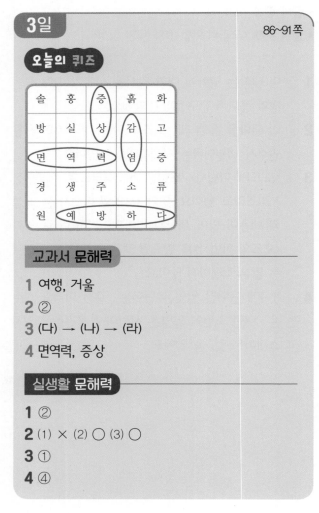

솔	홍	증	흙	화
방	실	상	감	고
면	역	력	염	증
경	생	주	소	류
원	예	방	하	다

교과서 문해력

1 여행, 거울

2 ②

3 (다) → (나) → (라)

4 면역력, 증상

실생활 문해력

1 ②

2 (1) × (2) ○ (3) ○

3 ①

4 ④

▶ 교과서 문해력 - 우리 일상 속 단골 감염병 ◀

• **글의 종류** 설명하는 글

• **글의 주제** 감기에 걸리는 이유와 증상

....

1 이 글은 감기에 대해 쓴 글이에요. 감기 바이러스에 감염되면 열이 나고 콧물이 흐르는 증상이 나타나게 돼요. 여행, 거울은 감기와 관련이 없어요.

2 ② 목감기와 코감기는 동시에 걸릴 수 있어요. 감기에 심하게 걸렸을 때는 두 가지 종류의 감기 증상이 한꺼번에 나타날 수도 있어요.

3 순서대로 (가) → (다) → (나) → (라)예요. 코감기에 걸리면 가장 먼저 코가 막히고 재채기가 나와요. 이어서 맑은 콧물이 흐르고, 감기가 나을수록 누런 콧물이 나와요. 감기가 거의 다 나았을 때는 콧물이 코딱지로 굳어요.

4 감기에 걸리는 이유는 목과 코가 건조해졌거나 면역

력이 약해졌기 때문이에요. 감기의 종류와 증상에는 목이 붓고 열이 나는 목감기와 코 막힘과 재채기로 시작하는 코감기가 있어요.

▶ 실생활 문해력 - 올바르게 손을 씻는 방법 ◀

• **글의 종류** 공익 광고

• **글의 주제** 올바른 손 씻기 방법

---

1 ② 이 광고는 올바른 손 씻기 방법을 알리기 위해서 만들어졌어요.

2 (1) × 올바른 손 씻기의 단계는 총 6단계예요.

(2) ○ 손을 깨끗이 씻으면 감염병을 예방할 수 있고, 설사병에 잘 걸리지 않게 된다고 했어요.

(3) ○ 손을 적신 후 비누를 묻혀 순서에 맞게 구석구석 꼼꼼하게 30초 이상 닦아야 한다고 했어요.

3 ① 6단계를 보면 손톱 밑을 손바닥에 문지르며 마무리해야 한다고 했어요. 손톱 밑도 꼼꼼히 닦아야 해요.

4 ④ ㉠ '마무리'는 '일을 끝냄.'이라는 뜻이에요. 이와 뜻이 반대되는 말은 '시작하다'예요.

오답 풀이 ① '일이나 말을 마무리하여 끝냄.'이라는 뜻이에요.

② '어떤 행동이나 일이 끝남. 또는 행동이나 일을 끝마침.'이라는 뜻이에요.

③ '완전히 끝마침.'이라는 뜻이에요.

쉬어가기

당최(○), 당췌(×)

'당최'란 '도무지', '영'의 뜻을 나타내는 말이에요. '어찌 된 일인지 당최 알 수가 없어.'와 같은 말로 사용되고는 하지요. 하지만 발음 탓에 '당췌'라고 잘못 쓰일 때가 있어요. '당췌'는 틀린 표기라는 것을 잊지 마세요.

오늘의 퀴즈

지출, 개인, 가정, 소득

교과서 문해력

1 저축
2 ③
3 (1) ○ (2) ○ (3) ×
4 투자

실생활 문해력

1 ①
2 (다) → (나) → (라)
3 (1) 10 (2) 5,000
4 잔액

▶ 교과서 문해력 - 돈을 왜 모아야 할까요? ◀

• **글의 종류** 설명하는 글
• **글의 주제** 저축의 장점

1 이 글은 저축에 대해 쓴 글이에요. 저축이란 무엇이고, 저축을 하면 어떤 점이 좋은지에 대해 설명하고 있어요.

2 ③ ㉠에 들어갈 내용으로 알맞은 것은 '계획적으로' 예요. '계획적'이란 '미리 정한 계획에 따름.'이라는 뜻으로, 평소 저축을 하기 위해 꼭 필요한 물건만을 사면서 돈을 미리 정한 계획에 따라 사용하게 된다는 내용이 글의 흐름에 알맞아요.

3 (1) ○ 저축을 하면 은행이 그 돈을 다른 회사에 빌려줘서, 기업은 직원을 뽑아 월급을 줄 수 있게 돼요. 그러면 일자리가 만들어져요.

　(2) ○ 저축을 하면 은행이 그 돈을 다른 회사에 빌려줘서, 기업은 공장을 짓거나 새로운 제품을 만드는 데 투자해요.

　(3) × 저축을 하면 가정의 소득이 늘어나요.

4 '투자'란 '이익을 얻기 위해 어떤 일이나 사업에 돈을 대거나 시간이나 정성을 쏟음.'이라는 뜻이에요. 매일 10분만 투자해서 운동을 하며 체력을 기른다는 내용을 만드는 것이 자연스러워요.

▶ 실생활 문해력 - 용돈을 어디에 썼을까? ◀

• **글의 종류** 용돈 기입장
• **글의 주제** 소희의 용돈 기입장

1 ① 용돈 기입장에서 돈을 쓴 장소는 알 수 없어요.
오답 풀이 ② 남은 돈의 액수는 '잔액'을 보면 알 수 있어요.
③ 용돈 기입장을 적은 기간은 20○○년 5월 10일부터 20○○년 5월 16일까지예요.
④ 용돈 기입장을 적은 사람은 '소희'예요.

2 순서대로 (가) → (다) → (나) → (라)예요. 소희는 이번 달에도 부모님께 용돈을 3만 원 받았어요. 5월 11일 토요일에는 민지와 놀다가 분식집에서 떡볶이와 순대를 사 먹었어요. 5월 13일 월요일에는 집 앞 마트에서 공룡 화석 발굴 세트를 구매했어요. 5월 16일 목요일에는 찬욱이 생일 선물로 학교 앞 문구점에서 팽이를 구매했어요.

3 (1) 소희는 매달 10일에 용돈을 받아요.
　(2) 소희는 5월에 용돈을 받고 5,000원을 저축했어요.

4 '잔액'이란 '남은 돈의 액수.'라는 뜻이에요. 용돈 기입장을 쓰면 이번 달에 얼마의 용돈을 받았고, 어떤 곳에 얼마의 돈을 사용했는지, 그리고 현재 얼마의 잔액이 남아 있는지를 쉽게 알 수 있어요.

쉬어가기

도긴개긴(○), 도찐개찐(×)

　주변에서 '도긴개긴'이라는 말을 사용하는 것을 들어 본 적 있나요? '도긴개긴'이란 '조금 낫고 못한 정도의 차이는 있으나 본질적으로는 비슷비슷하여 견주어 볼 필요가 없음을 이르는 말.'이에요. 윷놀이에서 도(한 칸)가 나오나 개(두 칸)가 나오나 별로 차이가 없다는 데서 생겨난 말이에요.

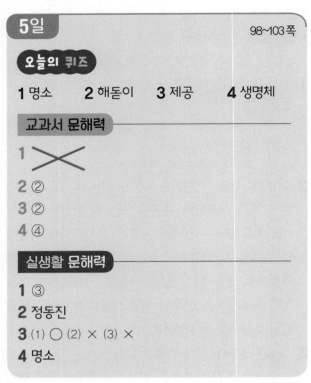

5일   98~103쪽

오늘의 퀴즈

1 명소   **2** 해돋이   **3** 제공   **4** 생명체

교과서 문해력

1 ✕

2 ②

3 ②

4 ④

실생활 문해력

1 ③

2 정동진

3 (1) ◯ (2) ✕ (3) ✕

4 명소

▶ 교과서 문해력 - 우리에게 없어서는 안 될 태양 ◀

• **글의 종류** 설명하는 글

• **글의 주제** 태양의 역할

1 1문단에는 태양은 우리가 살아가는 데 아주 중요한 역할을 한다는 내용이 담겨 있어요. 2문단에는 태양이 사라지면 낮과 밤, 계절이 사라지고 생명체가 살아남을 수 없게 된다는 내용이 담겨 있어요.

2 ② 지구는 1년 동안 태양 주변을 한 바퀴 돌아요.

지도TiP | 지구는 하루에 한 바퀴를 스스로 뱅뱅 돈다는 것도 함께 알려 주세요.

3 ② 태양이 없으면 지구의 생명체가 사라질 거예요. 지구가 없으면 태양이 사라진다는 내용은 이 글에 나오지 않았어요.

오답풀이 ① 태양은 지구의 생명체가 살 수 있도록 공기와 땅, 바다, 강을 따뜻하게 해요. 태양이 지금보다 더 멀리 떨어져 있으면 지구는 더 추워지게 될 거예요.

③ 식물은 햇빛을 받아 광합성을 하여 에너지를 만들어 낼 수 있어요. 태양이 사라지면 식물도 사라지기 때문에 식물을 먹이로 하는 동물들도 사라지게 될 거예요.

4 ④ ㉠ '으슬으슬'이란 '소름이 끼칠 만큼 매우 차가운 느낌이 계속 드는 모양.'을 뜻하는 말이에요.

오답풀이 ① '따끈따끈'이라는 낱말의 뜻이에요.

② '부들부들'이라는 낱말의 뜻이에요.

③ '후끈후끈'이라는 낱말의 뜻이에요.

▶ 실생활 문해력 - 새해 첫날에는 해돋이를 봐요 ◀

• **글의 종류** 그림일기

• **글의 주제** 가족과 보러 간 해돋이

---

1 ③ 이 글은 하루 동안 있었던 일을 정리하기 위해서 쓴 일기예요.

오답풀이 ② 해돋이를 보기 위해 여행을 간 것은 맞지만, 이 글은 여행지에 대한 정보를 전달하기 위해서 쓴 글은 아니에요.

2 '나'와 가족은 해돋이를 보러 정동진에 갔어요.

3 (1) ◯ 오늘은 2025년의 첫날, 즉 2025년의 1월 1일이에요.

(2) ✕ 올해 초등학교에 입학하는 사람은 '나'의 동생이에요.

(3) ✕ '나'는 작년보다 축구를 잘하게 되기를 바란다는 소원을 빌었어요. '나'의 부모님은 가족의 건강을 소원으로 빌었어요.

4 '명소'란 '아름다운 경치나 유적, 특산물 등으로 유명한 장소.'를 말해요. ( ) 안에 공통으로 들어갈 말로 알맞아요.

쉬어가기

며칠(◯), 몇 일(✕)

   우리는 종종 주변 사람들에게 '오늘이 몇 월 며칠이야?'라고 물어 봐요. 이처럼 '며칠'은 그달의 어떤 날짜를 말할 때 사용해요. '몇 월'처럼 '몇 일'이라고 잘못 쓰는 경우가 많은데, 이는 틀린 표현이에요. '며칠'이라고 쓰도록 해요.

4주

1일

106~111쪽

오늘의 퀴즈

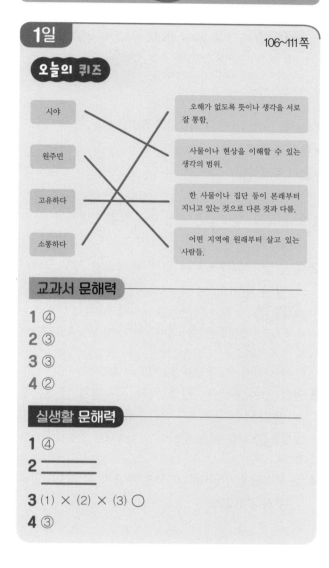

시야	오해가 없도록 뜻이나 생각을 서로 잘 통함.
원주민	사물이나 현상을 이해할 수 있는 생각의 범위.
고유하다	한 사물이나 집단 등이 본래부터 지니고 있는 것으로 다른 것과 다름.
소통하다	어떤 지역에 원래부터 살고 있는 사람들.

교과서 문해력

1 ④
2 ③
3 ③
4 ②

실생활 문해력

1 ④
2 ‗‗‗‗‗
3 (1) × (2) × (3) ○
4 ③

▶ 교과서 문해력 - 왜 나라마다 인사법이 다를까요? ◀

‹ 글의 종류 설명하는 글
‹ 글의 주제 세계 여러 나라의 다양한 인사법

1 ④ 이 글은 세계 여러 나라의 다양한 인사법에 대해 쓴 글이에요. 우리나라, 미국, 인도와 네팔, 말레이시아, 중국의 인사법을 소개하고, 나라마다 인사법이 다른 이유를 설명하고 있어요.

2 ③ 말레이시아에서는 오른손을 가슴 중앙에 대고 미소를 지어 인사해요.

3 ③ 우리나라에서는 친한 친구에게는 가볍게 손을 흔들어 인사하고, 웃어른에게는 허리를 숙여 인사해요. 즉, 우리나라에서는 친한 친구와 웃어른에

게 하는 인사법이 달라요.

오답 풀이 ① 나라마다 인사법이 다양한 이유는 각 나라의 역사와 문화가 다르기 때문이에요. 그 나라의 인사법을 알면 다양한 사람들을 이해하고 소통하는 데 도움이 돼요. 인사법을 몰라도 대화를 할 수 있어요.
②, ④ 이 글에서 설명하고 있는 내용이 아니에요.

4 ② ㉠에 들어갈 말로 '나라마다 인사법이 다른 이유'가 적절해요. 나라마다 역사와 문화의 차이로 인사법이 달라요.

▶ 실생활 문해력 - 나라마다 다른 인사법 ◀

‹ 글의 종류 설명하는 글
‹ 글의 주제 세계 여러 나라의 다양한 인사법

1 ④ 이 카드 뉴스에서는 세계 여러 나라의 인사법을 소개하고 있어요.

2 올바른 짝은 중앙아시아의 티베트족, 탄자니아의 마사이족, 뉴질랜드의 마오리족이에요.

3 (1) × 침을 뱉어 인사하는 것은 마사이족이에요.
(2) × 서로의 코를 비벼 인사하는 것은 마오리족이에요.
(3) ○ 프랑스는 서로를 안고 뺨을 번갈아 대며 뽀뽀하듯 소리를 내는데, 이것을 '비쥬'라고 해요.

4 ③ '지대'는 '일정한 구역의 땅.'이라는 뜻으로, 지역을 의미해요. 여기에 '높은'이라는 뜻을 더하는 '고-'를 붙이면 '높은 구역이나 지역.'을 뜻하는 '고지대'가 되어요.

쉬어가기

올바른(○), 옳바른(×)

'올바르다'란 '말이나 생각, 행동 등이 규범에서 벗어남이 없이 옳고 바름.'이라는 뜻이에요. '옳다'와 '바르다'가 합쳐진 말이기 때문에 '옳바른'이라고 잘못 쓰는 경우가 종종 있지요. 하지만 '올바른'이라고 써야 한답니다.

2일

112~117쪽

오늘의 퀴즈

단	거	리	코	더
체	육	듬	직	대
연	구	하	다	학
직	원	습	작	회
업	적	생	물	체

(세로 타원: 단체, 연, 학회, 업적)
(가로 타원: 연구하다)

교과서 문해력

1 ④

2 (1) ○ (2) × (3) ○

3 ④

4 (3) ○

실생활 문해력

1 한글

2 ④

3 한글 학회, 주시경의 집터

4 ④

◗ 교과서 문해력 - 우리말과 글을 지킨 사람들 ◖

❝ 글의 종류 설명하는 글

❝ 글의 주제 우리말과 글을 지킨 조선어 학회

---

1 ④ 이 글은 우리말과 글을 지키려 한 조선어 학회에 대해 쓴 글이에요. 조선어 학회의 활동과 조선어 학회가 없어진 이유 등에 대해 설명하고 있어요.

2 (1) ○ 조선어 학회는 《한글》이라는 잡지를 펴냈어요.

　(2) × 조선어 학회는 《우리말 큰사전》을 펴내려고 했지만 일본의 방해로 실패했어요.

　(3) ○ 조선어 학회는 한글 맞춤법 통일안을 정했어요.

3 ④ 우리나라에는 한글을 연구하는 조선어 연구회가 있었어요. 이후 이름을 바꿔 조선어 학회가 되었고, 조선어 학회가 없어진 후 이를 이어받아 광복 후 한글 학회가 만들어졌어요.

4 (3) ○ ㉠ '펼쳤어요'는 '생각 따위를 전개하거나 발

전시켰어요.'라는 뜻이에요. ㉠에서 쓰인 뜻과 비슷한 뜻으로 쓰인 문장은 (3)에 사용된 '펼쳤어요'에요.

　오답 풀이 (1) '보고 듣거나 감상할 수 있도록 사람들 앞에 주의를 끌 만한 상태로 나타내어.'라는 뜻이에요.

　(2) '펴서 드러냈어요.'라는 뜻이에요.

◗ 실생활 문해력 - 한글 가온길에 갔어요 ◖

❝ 글의 종류 블로그 게시 글

❝ 글의 주제 한글 가온길에 다녀온 감상

---

1 이 블로그 게시 글은 한글 가온길을 다녀와서 쓴 글이에요.

2 ④ 한글 가온길에 가는 법은 이 블로그 게시 글에서 알 수 없어요.

　오답 풀이 ① '가온'은 '한글'의 순우리말이에요.

　② 주시경은 한글을 연구하고 널리 알리기 위해 힘쓴 독립운동가라고 했어요.

　③ 세종 대왕은 한글을 만든 업적이 있다고 했어요.

3 한글 가온길에서는 한글 학회, 주시경의 집터를 볼 수 있어요.

　오답 풀이 세종 대왕릉은 한글 가온길이 아닌, 경기도 여주시에 있어요.

4 ④ 우리말을 한글이라고 처음 부르기 시작한 사람은 주시경이에요.

쉬어가기

메슥거리다(○), 미식거리다(×)

　멀미 때문에 속이 메슥거린 적이 있나요? '메슥거리다'란 '토할 것처럼 속이 자꾸 심하게 울렁거림.'이라는 뜻이에요. 하지만 '미식거리다'라고 쓰는 경우가 많은데, 이는 '메슥거리다'의 사투리랍니다.

오늘의 퀴즈

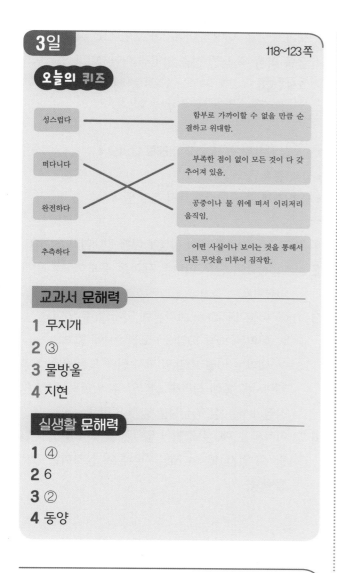

성스럽다 ——————— 함부로 가까이할 수 없을 만큼 순결하고 위대함.

떠다니다 ——————— 부족한 점이 없이 모든 것이 다 갖추어져 있음.

완전하다 ——————— 공중이나 물 위에 떠서 이리저리 움직임.

추측하다 ——————— 어떤 사실이나 보이는 것을 통해서 다른 무엇을 미루어 짐작함.

교과서 문해력

1 무지개
2 ③
3 물방울
4 지현

실생활 문해력

1 ④
2 6
3 ②
4 동양

▶ 교과서 문해력 - 무지개의 색깔은 몇 개일까? ◀

❝ 글의 종류 설명하는 글
❝ 글의 주제 무지개의 색깔을 일곱 가지로 정한 뉴턴

----

1 이 글은 무지개의 색깔에 대해 쓴 글이에요. 무지개가 생기는 이유와 무지개의 색깔을 일곱 가지로 구분한 뉴턴에 대해 설명하고 있어요.

2 ③ 이 글에서 설명하고 있는 내용이 아니에요.

오답 풀이 ① 무지개는 햇빛이 공기 중에 떠다니는 물방울을 만나 나타나는 현상이에요.

② 우리는 보통 무지개의 색깔을 빨강, 주황, 노랑, 초록, 파랑, 남색, 보라 일곱 가지로 구별하고 있어요.

④ 빛이 여러 가지 색깔로 이루어져 있다는 사실을 알아낸 사람은 뉴턴이에요.

3 무지개는 햇빛이 공기 중에 떠다니는 물방울에 부딪힐 때 여러 가지 색깔로 나누어지는 것이에요. 따라서 무지개가 만들어질 때 프리즘과 같은 역할을 하

는 것은 물방울이에요.

4 ㉠은 뉴턴이 서양 문화의 영향을 받아 무지개의 색깔을 일곱 가지로 구분했다는 뜻이에요.

▶ 실생활 문해력 - 나라마다 다른 무지개의 색깔 ◀

❝ 글의 종류 동영상
❝ 글의 주제 세계 여러 나라에서 생각하는 무지개의 색깔

----

1 ④ 이 동영상은 나라마다 다른 무지개의 색깔을 소개하고 있어요.

2 미국에서는 무지개의 색깔을 남색을 뺀 6개로 생각해요.

3 ② 옛날의 우리나라와 중국은 무지개의 색깔을 다섯 가지 색으로 똑같이 보았어요.

4 유럽, 아메리카 대륙의 나라들은 서양에 속하고, 우리나라, 중국, 일본, 인도 등의 나라들은 동양에 속해요.

쉬어가기

건드리다(○), 건들이다(×)

'건드리다'란 '조금 움직일 만큼 손으로 만지거나 무엇으로 댐.'이라는 뜻이에요. 이를 줄이면 '건들다'가 되는데, 이때문에 '건들이다'라고 쓰는 경우가 많아요. 하지만 '건드리다'가 올바른 표기예요.

적인 방법을 자세히 이야기하고 있어요. 나은이는 이 글을 읽은 후 느낀 점을 알맞게 이야기하고 있어요.

오답 풀이 이 글의 글쓴이는 주장하는 내용에 대해 강한 말투로 자신의 주장을 들어 달라고 강요하고 있지 않아요.

▶ **실생활 문해력 – 단풍나무 아래를 달려요** ◀
• **글의 종류** 광고
• **글의 주제** 단풍 마라톤 대회 참가 안내

1 이 광고는 마라톤 대회 신청에 대해 안내하고 있어요.
2 ① 이 광고는 단풍 마라톤 대회를 홍보하려고 만들어졌어요.
3 (1) ○ 어린이도 5km 마라톤에 참가할 수 있어요.
  (2) × 대회는 10월 19일(토) 오전 9시에 열려요.
  (3) × 대회는 10월 10일(일)까지 전화 또는 인터넷 홈페이지를 통해 참가를 신청할 수 있어요. 당일 행사장에서는 참가 신청을 받지 않아요.
4 ③ 마라톤을 해 본 경험이 없다면 초보자도 쉽게 달릴 수 있는 10km 개인 마라톤에 참가하는 것이 좋아요.

4일

124~129쪽

오늘의 퀴즈

부	담	벼	락	마
준	비	슬	기	차
시	선	아	저	씨
루	물	치	과	피
떡	부	상	자	로

교과서 문해력

1 달리기
2 ④
3 (1) × (2) × (3) ○
4 나은

실생활 문해력

1 마라톤
2 ①
3 (1) ○ (2) × (3) ×
4 ③

▶ **교과서 문해력 – 바르게 달리자** ◀
• **글의 종류** 주장하는 글
• **글의 주제** 바른 달리기 자세

1 이 글은 바른 달리기 자세에 대해 쓴 글이에요. 바른 자세로 달리기를 해야 하는 이유와 어떤 자세가 바른 달리기 자세인지를 설명하고 있어요.
2 ④ 바르지 않은 자세는 바른 자세로 달리는 것보다 더 쉽게 피로해져요.
3 (1) × 양 무릎이 서로 닿지 않도록 자연스럽게 다리를 흔들어 줘야 해요.
  (2) × 턱은 가볍게 당기고 시선은 서너 걸음 앞의 땅을 바라보도록 해야 해요.
  (3) ○ 발바닥이 땅에 자연스럽게 닿게 하면서 땅을 힘차게 차야 해요.
4 이 글의 글쓴이는 바르게 달려야 하는 까닭과 구체

쉬어가기

잠바(○), 점퍼(○)
'품이 넉넉해 웃옷 위에 덧입기 좋고 활동하기에도 편한 겉옷.'을 뜻하는 '잠바'와 '점퍼'. 무엇이 맞을까요? 답은 '둘 다'예요. '잠바'는 원래는 표준어가 아니었지만, 사람들이 많이 사용해서 표준어가 되었어요.

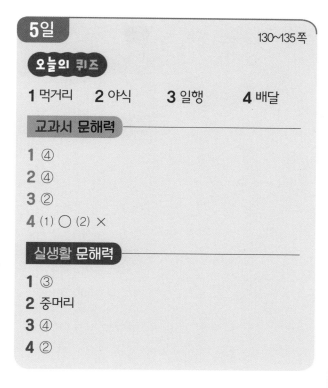

오늘의 퀴즈

1 먹거리   2 야식   3 일행   4 배달

교과서 문해력

1 ④

2 ④

3 ②

4 (1) ○ (2) ×

실생활 문해력

1 ③

2 중머리

3 ④

4 ②

▶ 교과서 문해력 - 욕심쟁이 병사 ◀

• **글의 종류** 이야기

• **글의 주제** 수육을 혼자 먹으려 한 병사 이야기

1 ④ 순조는 수육을 사 온 병사에게만 냉면을 주지 말라고 했어요. 그 병사는 자기 혼자만 냉면을 먹을 수 없게 되었어요.

오답 풀이 ① 순조는 밤에 산책하는 것을 즐겼어요.

② 성 안의 요리사가 잠든 시간이라 냉면은 성 밖에서 사 왔어요.

③ 병사는 혼자서만 수육을 먹으려고 했어요. 사람들의 냉면을 모두 차지하려 한 것은 아니에요.

2 ④ ㉠ '꿍꿍이'란 '남에게 드러내지 않고 속으로 몰래 일을 꾸미려는 생각.'이라는 뜻이에요.

3 ② 순조는 병사의 꿍꿍이를 알아채고 병사에게만 냉면을 주지 말라고 명령했어요. 이를 통해 순조가 병사를 괘씸하게 생각했을 것이라고 짐작할 수 있어요.

4 (1) ○ 음식에 욕심을 부리다가 냉면을 먹지 못하게 된 병사의 이야기를 통해 앞으로 혼자만 음식을 먹으려 하지 말고 다른 사람과 나누어야겠다는 생각을 할 수 있어요.

(2) × 병사는 동료들을 생각해 성 밖에서 수육을 사 온 것이 아니에요.

▶ 실생활 문해력 - 배달은 언제부터 시작되었을까? ◀

• **글의 종류** 신문 기사

• **글의 주제** 우리나라 냉면 배달의 역사

1 ③ 이 신문 기사는 우리나라 냉면 배달의 역사에 대해 쓴 글이에요.

2 일제 강점기에는 중머리를 고용해 배달을 시작하는 냉면집이 많아졌어요.

3 ④ 한 번에 스무 그릇 정도나 되는 냉면을 나무 판에 얹고 배달하는 모습을 본 사람들이 모두 입을 다물지를 못했다고 했어요. 이와 가장 비슷한 사자성어는 '기절초풍'이에요.

4 ② 신문 기사를 통해 우리나라에서는 조선 영조 때에도 먹거리를 배달하여 먹거나 마셨다는 것을 알 수 있어요. 즉, 우리나라에서 배달이 시작된 것은 꽤 오래 전부터예요.

쉬어가기

널빤지(○), 널판지(×)

'널빤지'란 '판판하고 넓게 만든 나뭇조각.'을 뜻하는 말이에요. 칠판이나 게시판 등에 쓰이는 '판자'라는 단어 때문에 '널판지'가 맞다고 생각하는 경우가 있지만, '널빤지'가 올바른 표기예요.

교과서부터 실생활까지
한번에!

결국,
습관이
이긴다

✺ i-Scream
✺ Home Learn

초등 6년 연산,
『아이스크림 더 연산』 8권이면 끝!

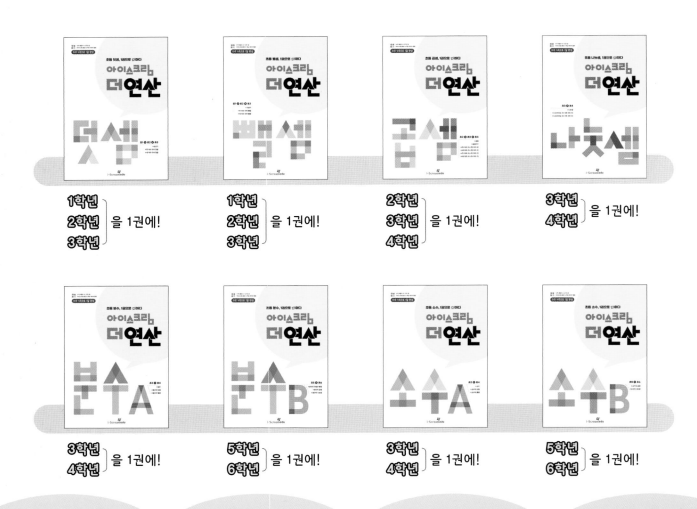

1학년
2학년) 을 1권에!
3학년

1학년
2학년) 을 1권에!
3학년

2학년
3학년) 을 1권에!
4학년

3학년
4학년) 을 1권에!

3학년
4학년) 을 1권에!

5학년
6학년) 을 1권에!

3학년
4학년) 을 1권에!

5학년
6학년) 을 1권에!

\# 이전 학습, 현재 학습, 이후 학습을 1권으로 더한 책!

\# 개념(한눈에 쏙 들어오는 개념 정리)
   연습(1일 4쪽, 1달 완성)
   평가(주제별 문제를 다시 확인)

"
연산력 강화에
최적화된 구성
"